Kohlhammer

Die Autoren

Dr. Elisa Ewald ist Psychologische Psychotherapeutin und geschäftsführende Leiterin der Hochschulambulanz für Forschung und Lehre (Erwachsene) der Universität Hildesheim. Ihre Forschungsschwerpunkte sind selbstbewertende Emotionen und paarunterstützende Behandlung. Weiterhin ist sie in einer auf Sexualmedizin und -therapie spezialisierten Privatpraxis freiberuflich als Psychologische Psychotherapeutin tätig.

M. Sc. Laura Ulbrich ist in der Ausbildung zur Psychologischen Psychotherapeutin (VT) und wissenschaftliche Mitarbeiterin in der Abteilung für Klinische Psychologie und Psychotherapie an der Universität Hildesheim. Ihre Forschungsschwerpunkte sind vergebungsorientierte Paartherapie und der Wert von gesundheitsbezogener Lebensqualität bei psychischen Störungen und körperlichen Erkrankungen.

Prof. Dr. Christoph Kröger ist Psychologischer Psychotherapeut, Supervisor und Professor für Klinische Psychologie und Psychotherapie an der Universität Hildesheim. Seine Forschungsschwerpunkte sind interpersonelle Faktoren bei psychischen Störungen und paarunterstützender Behandlung sowie Diagnostik und Behandlung trauma-assoziierter Störungen.

Elisa Ewald
Laura Ulbrich
Christoph Kröger

Verhaltenstherapeutische Paartherapie

Verlag W. Kohlhammer

Dieses Werk einschließlich aller seiner Teile ist urheberrechtlich geschützt. Jede Verwendung außerhalb der engen Grenzen des Urheberrechts ist ohne Zustimmung des Verlags unzulässig und strafbar. Das gilt insbesondere für Vervielfältigungen, Übersetzungen und für die Einspeicherung und Verarbeitung in elektronischen Systemen.

Pharmakologische Daten verändern sich ständig. Verlag und Autoren tragen dafür Sorge, dass alle gemachten Angaben dem derzeitigen Wissensstand entsprechen. Eine Haftung hierfür kann jedoch nicht übernommen werden. Es empfiehlt sich, die Angaben anhand des Beipackzettels und der entsprechenden Fachinformationen zu überprüfen. Aufgrund der Auswahl häufig angewendeter Arzneimittel besteht kein Anspruch auf Vollständigkeit.

Die Wiedergabe von Warenbezeichnungen, Handelsnamen und sonstigen Kennzeichen berechtigt nicht zu der Annahme, dass diese frei benutzt werden dürfen. Vielmehr kann es sich auch dann um eingetragene Warenzeichen oder sonstige geschützte Kennzeichen handeln, wenn sie nicht eigens als solche gekennzeichnet sind.

Es konnten nicht alle Rechtsinhaber von Abbildungen ermittelt werden. Sollte dem Verlag gegenüber der Nachweis der Rechtsinhaberschaft geführt werden, wird das branchenübliche Honorar nachträglich gezahlt.

Dieses Werk enthält Hinweise/Links zu externen Websites Dritter, auf deren Inhalt der Verlag keinen Einfluss hat und die der Haftung der jeweiligen Seitenanbieter oder -betreiber unterliegen. Zum Zeitpunkt der Verlinkung wurden die externen Websites auf mögliche Rechtsverstöße überprüft und dabei keine Rechtsverletzung festgestellt. Ohne konkrete Hinweise auf eine solche Rechtsverletzung ist eine permanente inhaltliche Kontrolle der verlinkten Seiten nicht zumutbar. Sollten jedoch Rechtsverletzungen bekannt werden, werden die betroffenen externen Links soweit möglich unverzüglich entfernt.

1. Auflage 2021

Alle Rechte vorbehalten
© W. Kohlhammer GmbH, Stuttgart
Gesamtherstellung: W. Kohlhammer GmbH, Heßbrühlstr. 69, 70565 Stuttgart
produktsicherheit@kohlhammer.de

Print:
ISBN 978-3-17-035110-3

E-Book-Formate:
pdf: ISBN 978-3-17-035111-0
epub: ISBN 978-3-17-035112-7
mobi: ISBN 978-3-17-035113-4

Geleitwort zur Reihe

Die Psychotherapie hat sich in den letzten Jahrzehnten deutlich gewandelt: In den anerkannten Psychotherapieverfahren wurde das Spektrum an Behandlungsansätzen und -methoden extrem erweitert. Diese Methoden sind weitgehend auch empirisch abgesichert und evidenzbasiert. Dazu gibt es erkennbare Tendenzen der Integration von psychotherapeutischen Ansätzen, die sich manchmal ohnehin nicht immer eindeutig einem spezifischen Verfahren zuordnen lassen.

Konsequenz dieser Veränderungen ist, dass es kaum noch möglich ist, die Theorie eines psychotherapeutischen Verfahrens und deren Umsetzung in einem exklusiven Lehrbuch darzustellen. Vielmehr wird es auch den Bedürfnissen von Praktikern und Personen in Aus- und Weiterbildung entsprechen, sich spezifisch und komprimiert Informationen über bestimmte Ansätze und Fragestellungen in der Psychotherapie zu beschaffen. Diesen Bedürfnissen soll die Buchreihe »Psychotherapie kompakt« entgegenkommen.

Die von uns herausgegebene neue Buchreihe verfolgt den Anspruch, einen systematisch angelegten und gleichermaßen klinisch wie empirisch ausgerichteten Überblick über die manchmal kaum noch überschaubare Vielzahl aktueller psychotherapeutischer Techniken und Methoden zu geben. Die Reihe orientiert sich an den wissenschaftlich fundierten Verfahren, also der Psychodynamischen Psychotherapie, der Verhaltenstherapie, der Humanistischen und der Systemischen Therapie, wobei auch Methoden dargestellt werden, die weniger durch ihre empirische, sondern durch ihre klinische Evidenz Verbreitung gefunden haben. Die einzelnen Bände werden, soweit möglich, einer vorgegeben inneren Struktur folgen, die als zentrale Merkmale die Geschichte und Entwicklung des Ansatzes, die Verbindung zu anderen Methoden, die empirische und klinische Evidenz, die Kernelemente von Diagnostik und Therapie sowie Fallbeispiele umfasst. Darüber hinaus möchten wir uns mit verfahrensübergreifenden Querschnittsthemen befassen, die u. a. Fragestellungen der Diagnostik, der verschiedenen Rahmenbedingungen, Settings, der Psychotherapieforschung und der Supervision enthalten.

Nina Heinrichs (Bremen)
Rita Rosner (Eichstätt-Ingolstadt)
Günter H. Seidler (Dossenheim/Heidelberg)
Carsten Spitzer (Rostock)
Rolf-Dieter Stieglitz (Basel)
Bernhard Strauß (Jena)

Die Buchreihe wurde begründet von Harald J. Freyberger, Rita Rosner, Ulrich Schweiger, Günter H. Seidler, Rolf-Dieter Stieglitz und Bernhard Strauß.

Inhalt

Geleitwort zur Reihe 5

Einleitung 11

1 Ursprung und Entwicklung des Verfahrens 16

2 Verwandtschaft mit anderen Verfahren 19

3 Wissenschaftliche und therapietheoretische
  Grundlagen 22
  3.1 Partnerschaftsunzufriedenheit und Auswirkungen .. 22
      3.1.1 Psychische Störungen 23
      3.1.2 Körperliche Erkrankungen 25
      3.1.3 Elterliches Erziehungsverhalten und
            kindliche Gesundheit 28
  3.2 Grundlegende theoretische Modelle 29
      3.2.1 Der Zwangsprozess 29
      3.2.2 Die Theorie der partnerschaftlichen Stabilität 31
      3.2.3 Systemisch-transaktionales Modell 34
  3.3 Rechtliche und ethische Voraussetzungen
      bei Paartherapie 37
      3.3.1 Rechtliche Voraussetzungen 37
      3.3.2 Ethische Voraussetzungen 38

4 Kernelemente der Diagnostik 40
  4.1 Selbstbeurteilungsverfahren 42
      4.1.1 Identifikation von Problembereichen 43

	4.1.2	Risikopartnerschaften	43
	4.1.3	Kindliche Verhaltensprobleme	44
	4.1.4	Therapieevaluation	44
4.2	Ressourcenorientiertes Interview		46

5 Kernelemente der Therapie ... 47

5.1	Standardinterventionen		47
	5.1.1	Motivationsfördernde Interventionen	47
	5.1.2	Aufbau von positiver Reziprozität	49
	5.1.3	Kommunikationstraining	51
	5.1.4	Problemlösetraining	60
	5.1.5	Kognitive Interventionen	67
	5.1.6	Akzeptanzbasierte Interventionen	77
	5.1.7	Bewältigungsorientierte Interventionen	86
5.2	Besondere Herausforderungen		93
	5.2.1	Vergebung von dyadischen Kränkungen	93
	5.2.2	Bewältigung sexueller Außenbeziehung	100
	5.2.3	Förderung und Bereicherung der Sexualität	106
	5.2.4	Gewalt in der Partnerschaft	121

6 Fallbeispiel ... 133

6.1	Erstkontakt		133
6.2	Lebensgeschichte und funktionales Bedingungsmodell		135
6.3	Diagnosen		137
6.4	Behandlungsplan und -verlauf		138
	6.4.1	Behandlungsbeginn	138
	6.4.2	Kommunikationstraining	139
	6.4.3	Sensualitätstraining	141
	6.4.4	Behandlung der depressiven Symptomatik	143
6.5	Therapieabschluss		143

7 Settings und Anwendungsgebiete ... 144

8 Therapeutische Beziehung ... 146

9	Wissenschaftliche Evidenz	151
10	Institutionelle Verankerung und Informationen zur Aus-, Fort- und Weiterbildung	155

Literatur 158

Sachwortregister 173

Einleitung

In fast allen Kulturen wünschen sich Menschen ein Leben in einer intimen Partnerschaft (Buss 1995). In den westlichen Industrieländern sind ca. 90 % der 50-Jährigen bspw. mindestens einmal verheiratet (gewesen). Eine erfüllende Partnerschaft betrachten die meisten Menschen als besonders wichtig für ihr persönliches Glück und Wohlbefinden (z. B. Ruvolo 1998; Stack und Eshleman 1998). Laut einer beispielhaften Umfrage zählte eine dauerhafte und glückliche Partnerschaft für 81 % der Deutschen zu den größten Wünschen (Geo 2016). Dabei scheint eine glückliche Partnerschaft für die Zufriedenheit mit dem eigenen Leben insgesamt wichtiger als Gesundheit, Arbeit oder eigene Kinder zu sein.

Trotz des gesellschaftlichen Wandels, normativer Pluralität und veränderter Geschlechterrollen halten sogar ca. zwei Drittel die Ehe als juristische Institution für sinnvoll und ideal (z. B. Peuckert 2019). Weiterhin gehen viele Menschen inzwischen (zunächst) feste intime Partnerschaften ein. Diese lassen sich durch drei Merkmale charakterisieren:

1. Die Bindung ist enger als zu anderen Personen (z. B. Angehörigen, Freunden und Arbeitskollegen).
2. Die Beziehung ist dauerhaft angelegt (z. B. durch gemeinsame Zukunftsplanungen und -entwürfe).
3. Der Partner und bestimmte Beziehungsinhalte sind exklusiv (z. B. die Preisgabe von biografischen Narrativen und gemeinsam erlebter (sexueller) Intimität).

Im Verlauf einer festen, intimen Partnerschaft können unterschiedliche Bedürfnisse erfüllt werden. Beispiele für Bedürfnisse in intimen Partnerschaften sind:

- Verbundenheit, Liebe, Geborgenheit/Sicherheit (emotional)
- Anerkennung, Selbstwertstabilisierung, Wertschätzung (kognitiv)
- Intimität, Zärtlichkeit und Sexualität (physisch)
- Unterstützung, Betreuung und Fürsorge (sozial)
- Kohärenz, Sinnhaftigkeit, Werthaltungen (weltanschaulich)
- Integration, gemeinsame Identität und Zugehörigkeit (familiär-kontextuell)

Einige dieser Bedürfnisse lassen sich nur befriedigend erreichen, wenn die Partnerschaft als sicher und dauerhaft angelegt eingeschätzt wird. Viele Menschen wünschen sich deshalb auch eine lebenslange Beziehung und unterschätzen am Beziehungsanfang die Wahrscheinlichkeit einer Verschlechterung bzw. Trennung – gleich dem Motto: »Die anderen: Ja. Wir auf keinen Fall!« Entsprechend der oben genannten Bedürfnisse bzw. Erwartungen an die eigene Partnerschaft werden Konflikte im privaten Bereich als besonders belastend erlebt. Die Auflösung einer Beziehung wird in der Life-Event-Forschung neben dem Verlust des Partners durch den Tod zu den am stärksten belastenden Ereignissen im Lebenslauf eines Menschen gezählt (Bloom et al. 1978).

Angesichts des Familienzyklus' und kritischer Lebensereignisse werden Paare immer wieder im Alltag herausgefordert (▶ Tab. 0.1). Dabei ist es wichtig, sich über die individuellen Bedürfnisse auszutauschen, wenn sie sich nicht zunehmend entfremden wollen bzw. Konflikte offen bestehen bleiben.

Gleichzeitig beginnt im weiteren Verlauf einer dauerhaft angelegten Partnerschaft ein gegenläufiger Prozess: Wenn auch einerseits einige Bedürfnisse befriedigt werden, kommt es andererseits zu einer Habituation an vormals sexuell attraktive Stimuli, zur realistischeren Wahrnehmung des Partners und der eigenen Person sowie zum Verlust von Verstärkerqualität partnerschaftlichen Handelns.

Längsschnittstudien zeigen daher, dass bei allen Paaren im Durchschnitt eine Abnahme der Zufriedenheit über die Zeit zu erwarten ist (Lavner und Bradbury 2010; Kamp Dush et al. 2008). Allerdings lassen sich verschiedene Verläufe differenzieren: Einigen Paaren gelingt es, eine hohe bzw. mittlere Zufriedenheit zu stabilisieren sowie die Zufriedenheit ggf. im weiteren Verlauf (> 10 Jahre) noch einmal zu verbessern. Bei zwei anderen Subgruppen von Paaren nimmt die Partnerschaftszufriedenheit aber einen kritischen Verlauf: Bei einer Gruppe sinkt die anfangs hohe Zufriedenheit innerhalb weniger Jahre rapide ab; eine weitere Gruppe von Paaren beginnt bereits mit einer niedrigen Partnerschaftszufriedenheit und zeigt ebenfalls eine erhebliche Abnahme.

Tab. 0.1: Kritische Lebensereignisse innerhalb des Familienzyklus

Familienzyklus	Mögliche assoziierte kritische Lebensereignisse
Zusammenziehen, ggf. Hochzeit	Umzug, ggf. Hausbau, gemeinsame Haushaltsführung
Berufliche Qualifikationsphase	berufliche Stressoren
Schwangerschaft(en) und Geburt(en)	Stressoren der Schwangerschaft und Geburt, ggf. durch Komplikationen Altersgerechte Erziehung/Familienmanagement Unfälle und Erkrankung von Partner/in, Kindern bzw. anderen Nahestehenden
Auszug der Kinder	Individuelle Entwicklung der Partner hinsichtlich: Bedürfnisse Einstellungen Routinen
Pflege und Tod der Eltern	Psychosoziale Belastungen
Renteneintritt und Altern	Umstellung auf Rentner-Dasein, individuelle Entwicklungen der Partner Chronische Erkrankungen

Wenn auch die Partnerschaftszufriedenheit ein stabiler Prädiktor für die Stabilität einer Partnerschaft ist, so fallen die Assoziationen zwischen beiden nur moderat aus. Einige Paare trennen sich, obwohl sie berichteten, glücklich gewesen zu sein; viele Paare bleiben unzufrieden über längere Zeit zusammen.

In Deutschland betrug die Scheidungsquote 2017 ca. 37 % und nahm damit kontinuierlich von der höchsten Quote 2005 mit ca. 52 % ab (Statista 2019). Im Vergleich zu den 1970er Jahren nahmen die Scheidungen der Ehen mit längerer Dauer (> 15 Jahren) zu. Gleichzeitig stieg die Zahl der Eheschließungen im gleichen Zeitraum kontinuierlich leicht an; 2017 gaben sich ca. 408.000 Paare in Deutschland ein standesamtliches Ja-Wort. Ungefähr ein Drittel dieser Paare war bereits verheiratet. Dies verdeutlicht den bleibenden Beziehungswunsch trotz der Erfahrung einer gescheiterten Ehe.

Bereits der Beziehungsstatus hat hierbei Auswirkungen auf die individuelle Gesundheit. Getrennt Lebende bzw. Geschiedene wiesen eine höhere Wahrscheinlichkeit für somatische und psychische Beschwerden und einen beruflichen Ausfall als Verheiratete auf (Stimpson et al. 2012). Mit Blick auf psychische Störungen war das Erkrankungsrisiko bei verheirateten Frauen und Männern niedriger als bei Ledigen, wenn sich auch geschlechtsspezifische Unterschiede zeigten (Scott et al. 2010): Frauen berichteten bspw. häufiger von Depression und Panikstörung, wohingegen Männer häufiger substanzinduzierte Störungen beschrieben. Nach einer erst kürzlich zurückliegenden Scheidung wurden diese Unterschiede noch größer.

Auch die Mortalitätsrate war studienübergreifend bei Verheirateten bzw. in Partnerschaft Lebenden niedriger als bei Ledigen und Geschiedenen (z. B. Carr und Springer 2010). Die Effekte fallen bei Männern üblicherweise stärker aus. Über den Beziehungsstatus hinaus sind fast alle psychischen Störungen mit einer niedrigen Partnerschaftsqualität assoziiert. Die negative partnerschaftliche Interaktion kann hierbei einerseits eine wichtige aufrechterhaltene Bedingung für psychische Störungen sein. Andererseits können Beziehungsstörungen auch zu externen Auslösern für psychische Störungen werden und die Wahrscheinlichkeit von Rückfallen erhöhen.

Vor diesem Hintergrund ist anzunehmen, dass das Leben in einer intimen, erfüllenden Partnerschaft kulturübergreifend als besonders wichtig für das persönliche Glück ist und im Zusammenhang mit dem psychischen und physischen Wohlbefinden eine bedeutsame Rolle einnimmt. Immer häufiger werden im Rahmen der Behandlung psychischer Störungen unter Einbezug der Angehörigen und Partner Kommunikations- und Problemlösetrainings empfohlen, um zukünftige Rückfälle in dysfunktionale Verhaltens- und/oder Interaktionsmuster zu vermeiden. Positive Therapieeffekte sollen dadurch dauerhaft stabilisiert werden. Die kognitiv-verhaltenstherapeutische Paartherapie (KVPT) gilt hierbei als die am besten untersuchte Behandlungsform für Paare und soll im vorliegenden Buch vorgestellt werden. Das Buch umfasst die grundlegenden theoretischen Modelle und das diagnostische sowie therapeutische Vorgehen beim Reziprozitäts-, Kommunikations- und Problemlösetraining. Diese Standardinterventionen werden durch motivationsfördernde, kognitive, akzeptanzbasierte und bewältigungsorientierte Interventionen ergänzt. Im zweiten Teil werden besondere Herausforderungen im Paarsetting fokussiert und bspw. das spezifische Vorgehen bei der Bewältigung sexueller Außenbeziehungen sowie Gewalt in der Partnerschaft beschrieben. Zudem werden Interventionen zur Unterstützung von Vergebungsprozesse sowie zur Förderung der partnerschaftlichen Sexualität vorgestellt. Sowohl zu den Standardinterventionen als auch den besonderen Herausforderungen im paartherapeutischen Setting werden an entsprechender Stelle allgemeine Kasuistiken und Beispielformulierungen bzw. Dialoge zur Veranschaulichung ergänzt. In einem gesonderten Kapitel werden außerdem einzelne Standardinterventionen im Rahmen eines Fallbeispiels dargelegt. Im Anschluss beschäftigt sich das Buch mit den Besonderheiten der therapeutischen Beziehung im triadischen Setting und gibt einen Überblick zu den Anwendungsgebieten sowie der wissenschaftlichen Evidenz. Abschließend wird auf Möglichkeiten zur Aus-, Fort- und Weiterbildung verwiesen.

Zusätzlich nutzt das Buch verschiedene Elemente, die kurz vorgestellt werden und die Interpretation und Handhabung der vorgestellten Inhalte vereinfachen sollen.

> Inhaltliche Vertiefungen und zentrale Merksätze aus dem allgemeinen Fließtext werden mithilfe von grau hinterlegten Kästen abgebildet.

Allgemeine Hinweise, Hilfestellungen oder Formulierungsbeispiele für den Behandlerwerden schwarz umrandet

Kasuistiken, Fallbeispiele und exemplarische Dialoge werden mit einem grauen Balken an der Seite markiert.

1 Ursprung und Entwicklung des Verfahrens

Erste verhaltenstherapeutische Interventionen mit Paaren basierten auf Annahmen der operanten und sozialen Lerntheorien, z. B. dem lerntheoretischen Modell von Patterson und Reid (1970) und strebten die Förderung eines positiven Verhaltensaustausches zwischen den Partnern an. So wurden bspw. Verträge über positive Verstärker während der verhaltenstherapeutischen Paartherapie ausgehandelt, die die Partner im Alltag verbindlich anhielten, systematisch und wechselseitig vereinbarte Verstärker zuzuführen (Baucom 1982). Noch heute strebt das daraus resultierende *Reziprozitätstraining* (▶ Kap. 5.1.2) an, eine positive Bilanz der gegenseitig zugeführten Verstärker durch verschiedene Aufgaben systematisch wiederherzustellen.

In Interaktionsanalysen fiel zudem auf, dass die langfristige Zufriedenheit mit der Partnerschaft sich am besten mithilfe von bestimmten Kommunikations- und Problemlösefertigkeiten vorhersagen lässt (für eine Übersicht siehe Karney und Bradbury 1995). Im Vergleich zu zufriedenen Paaren zeigten belastete Paare häufiger negative Indikatoren während ihrer Interaktionen (z. B. offene Kritik, Feindseligkeit, Abwehrhaltungen), die zudem länger anhielten (z. B. Gottman und Notarius 2000). Darauf aufbauend wurde das *Kommunikations- und Problemlösetraining* (▶ Kap. 5.1.3 und ▶ Kap. 5.1.4) als heutige Standardinterventionen der verhaltenstherapeutischen Paar- und Familientherapie erprobt. Während dieser Trainings vermittelt der Therapeut zunächst hilfreiche und auf Fairness basierende Sprecher- und Zuhöreregeln, um anschließend die Partner für regelkonformes Verhalten während der Interaktionen kontingent zu verstärken. Im Rahmen einer familientherapeutischen Maßnahme werden diese Standardinterventionen zu Hause mit Angehörigen durchgeführt.

Wie auch bei der verhaltenstherapeutischen Einzeltherapie wurde das paartherapeutische Vorgehen später durch *kognitive Interventionen* (▶ Kap. 5.1.5) ergänzt (Baucom und Lester 1986), sodass heute von einer kognitiv-verhaltenstherapeutischen Paartherapie (KVPT) gesprochen werden kann. Der erweiterten Modellbildung folgend (Epstein und Baucom 2002), sollen Therapeuten Erwartungen, Zuschreibungen und Überzeugungen der einzelnen Partner identifizieren und mithilfe von Techniken der kognitiven Umstrukturierung modifizieren. Außerdem werden repetitive Interaktionsmuster dem Paar psychoedukativ verdeutlicht und Gedanken, Gefühle und Motive identifiziert, modifiziert sowie umetikettiert (Jacobson 1989).

Während die bisher vorgestellten kognitiv-behavioralen Interventionen alle veränderungsorientiert sind, setzt ein neuerer Ansatz der KVPT auch auf Akzeptanz von ggf. auch unveränderlichen Unterschieden der Partner (Jacobson 1992). *Akzeptanzbasierte Interventionen* (▶ Kap. 5.1.6) versuchen das Verständnis für den anderen zu fördern, eine Distanz zum konflikthaften Thema zu schaffen, die Toleranz gegenüber den aversiven Verhaltensweisen des anderen zu erhöhen und die Autonomie beider Partner zu steigern (Jacobson und Christensen 1998). Im Vergleich zur KVPT zeigte sich, dass Paare von akzeptanzfördernden Strategien kurz- und langfristig hinsichtlich verschiedener Erfolgsmaße profitieren (Roddy et al. 2016).

Bereits früh bestand ein internationaler Austausch mit deutschen Wissenschaftlern (z. B. Jacobson et al. 1984), was sich auch durch die Veröffentlichung eines deutschsprachigen Manuals zeigt (Schindler et al. 2019). Zudem wurde der kognitiv-behaviorale Ansatz auf das Verständnis von *sexuellen Störungen* (▶ Kap. 5.2.3) und deren Behandlung angewendet (Zimmer 1985). Außerdem wurde im deutschsprachigen Raum das herkömmliche Vorgehen modifiziert, um die *partnerschaftliche Unterstützung und Bewältigung externer Belastungen* zu fördern (*bewältigungsorientierte Interventionen*, BOI; Bodenmann 2004, ▶ Kap. 5.1.7). So zeigte sich in einer kontrollierten Studie, die beispielhaft herausgegriffen wird, dass BOI im Vergleich zu individualtherapeutischen Ansätzen der interpersonellen Therapie bzw. der kognitiven Verhaltenstherapie bei Depression vergleichbare Ergebnisse hinsichtlich der Depressionswerte und Zufriedenheit mit der Partnerschaft erzielte (Bodenmann et al. 2008).

Allerdings war der Ausdruck von Emotionen in der BOI-Bedingung zusätzlich verbessert, wodurch die Rückfallwahrscheinlichkeit sinkt.

Wie aus der bisherigen Darstellung hervorgeht, ergibt sich aus dem Selbstverständnis der KVPT-Vertreter, dass diese nicht nur klinisch tätig sind und Modell- bzw. Prozessannahmen aufstellen, sondern auch die Wirksamkeit der Behandlung und deren Wirkfaktoren möglichst empirisch überprüfen. Früh lagen erste Meta-Analysen zur KVPT vor (Hahlweg und Markmann 1988; Dunn und Schwebel 1995).

Zudem wurde das Anwendungsspektrum erweitert, indem das herkömmliche Vorgehen zu differenzierten Ansätzen bei besonderen Herausforderungen (z. B. dem Umgang mit Paaren nach der *Offenlegung von partnerschaftlicher Gewalt*, ▶ Kap. 5.2.4, oder *Offenlegung einer sexuellen Außenbeziehung*, ▶ Kap. 5.2.2) angepasst wurde. Außerdem sind Ansätze der partner- bzw. familienunterstützenden Behandlungen psychischer Störungen und körperlicher Erkrankungen systematisch erprobt worden (für eine Übersicht Baucom et al. 1998): So gibt es bspw. Anleitungen für eine partnerunterstützte Exposition bei Agoraphobie (Abramowitz et al. 2011), für die verhaltenstherapeutische Familienbetreuung schizophren bzw. bipolar erkrankter Angehöriger (Hahlweg et al. 2006) oder für die dyadische Unterstützung von Tumorerkrankungen (Heinrichs und Zimmermann 2008). Hervorzuheben ist auch die Entwicklung, breite Anwendung und Evaluation von Präventionsprogrammen für Paare (für einen Überblick siehe Job et al. 2014), die angesichts der gesundheitlich negativen Auswirkungen von Trennungen mehr Verbreitung finden sollten.

2 Verwandtschaft mit anderen Verfahren

Neben der KVPT ist die emotionsfokussierte Paartherapie (EFPT) ein weiterer empirisch-fundierter Ansatz. Dieser wurde von der kanadischen Paartherapeutin Dr. Susan Johnson in den 1980er Jahren entwickelt und basiert im Wesentlichen auf bindungstheoretischen, neurowissenschaftlichen und systemischen Annahmen (Greenman et al. 2019). Das primäre Ziel der EFPT ist der Aufbau von funktionalen Interaktionsmustern, die auf die spezifischen Bindungsbedürfnisse beider Partner abgestimmt sind (Johnson 2019). Hierzu wird in einem ersten Schritt das emotionale Erleben der Partner durch den Therapeuten zugänglich gemacht und aktiviert. In einem zweiten Schritt werden die Interaktionsmuster der Partner restrukturiert. Dysfunktionale Interaktionsmuster zwischen den Partnern entstehen nach EFPT als Resultat von unsicheren Bindungserfahrungen und führen dazu, dass Bindungsstress maladaptiv ausgedrückt wird und zur Distanzierung der Partner beiträgt. Durch das Bewusstmachen von intrapsychischen und interpersonellen Aspekten der dysfunktionalen Interaktionsmuster sollen sichere Bindungserfahrungen zwischen beiden Partnern gestärkt werden. In der EFPT werden Paare systematisch angeleitet, die eigenen Emotionen und Bedürfnisse wahrzunehmen, auf die des anderen einzugehen und sich dyadisch für die Partnerschaft zu engagieren. Inzwischen wurde das manualisierte Vorgehen nicht nur bei unzufriedenen Paaren, sondern auch zur Behandlung von Depression und Posttraumatischen Belastungsstörung bzw. zur gemeinsamen Bewältigung von Erkrankungen eines Kindes oder eines Partners angewendet (Wiebe und Johnson 2016). Im Vergleich zur verhaltenstherapeutischen Paartherapie – also der älteren Form, basierend auf sozialen Lerntheorien – zeigten sich in einer Meta-Analyse vergleichbare Effekte (Rathgeber et al. 2018).

2 Verwandtschaft mit anderen Verfahren

Im deutschsprachigen Raum besonders verbreitet haben sich systemisch-orientierte Formen der Paartherapie. Sie beziehen sich auf eine Reihe von Therapieansätzen, die auf kommunikations- und systemtheoretischen sowie konstruktivistischen Annahmen basieren (z. B. Rohrbaugh und Shoham 2015; Simon 2015). Im Sinne der systemisch-orientierten Therapieansätze wird die Paardynamik von der Wechselwirkung von biologischen, intrapsychischen, interpersonellen und gesellschaftlichen Einflussfaktoren beeinflusst. Die zentrale Frage ist hierbei, welche »zirkulären Prozesse« die Paarkonflikte aufrechterhalten. Durch die Einbeziehung des sozialen Kontextes wird die Wechselbeziehung der Partner und der weiteren Umwelt auf der Ebene der Wirklichkeitskonstruktionen, des Verhaltens und der Interaktionsmuster betrachtet. In der systemischen Paartherapie werden überwiegend zirkuläre Interaktionsmuster fokussiert. Dabei wird angestrebt, dass Paare funktionale Interaktionsmuster finden, neue Lösungsversuche unternehmen, flexibler auf die/den Partnerin/Partner reagieren können und funktionale Narrative über sich als Person und Paar konstruieren. Jedoch lässt sich die Wirksamkeit dieser systemisch-orientierten Formen der Paartherapie auf die Partnerschaftszufriedenheit aufgrund der derzeitigen Studienlage nicht einschätzen. Die Studienqualität entspricht häufig nicht den notwendigen wissenschaftlichen Standards. Zudem wurden Studien zur emotionsfokussierenden bzw. verhaltenstherapeutischen Paartherapie als Indiz für die Wirksamkeit der systemisch-orientierten Formen der Therapie herangezogen (z. B. Sydow 2015).

Alle drei genannten Ansätze zielen auf den Austausch von Bedürfnissen und Gefühlen der Paare ab. Bspw. wird das Aussprechen von Wünschen (»Ich-Botschaft«) in systemischen Ansätzen und im Kommunikationstraining der KVPT besonders gefördert. Wenn sich zu Behandlungsbeginn einer KVPT beim Aufbau positiver Reziprozität verstärkendes Verhalten des einen auf das Verhalten des anderen Partners auswirkt und die Rate positiver Verstärker sukzessive ansteigen soll, so lässt sich dasselbe Verhalten – gerade basierend auf sozialen Lerntheorien beschrieben – auch kommunikationstheoretisch bzw. systemisch verstehen. Auch ein Vorgehen der EFPT, die jeweiligen Bedürfnisse und Bemühungen der jeweiligen Partner herauszustellen, lässt sich während der psychoedukativen Vermittlung des Zwangsprozesses in der KVPT gut integrieren. Bei akzeptanzfördernden Interventionen der KVPT werden zirkuläre Interaktionsmuster wie in der EFPT veranschaulicht. Häufig sind jedoch die intendierten Veränderungen theoretisch anders begründet und die Vorgehensweisen der jeweiligen Ansätze schließen sich gegenseitig aus. So kommen auch Interventionen in der KVPT zur Anwendung, die von den Vertretern der jeweils anderen Ansätze abgelehnt werden. Bspw. wird das Training von kommunikativen Fertigkeiten als zentraler Bestandteil einer KVPT angesehen. Wiebe und Johnson (2016) nehmen jedoch an, dass die emotionale Verbundenheit i. S. eines bindungstheoretischen Konstruktes – einmal wiederhergestellt – ein derartiges Training für Paare überflüssig macht. Während die KVPT großen Wert auf die Transparenz des Vorgehens legt, werden in systemischen Ansätzen Betroffene durch (möglicherweise paradox gemeinte) Interventionen zu Reaktionen und Verhandlungen provoziert, deren Ziel und Ergebnis (zunächst) nicht zu erkennen sind.

Eine Bewertung der EFPT und der systemischen Ansätze hinsichtlich ihrer allgemeinen und differentiellen Wirksamkeit, insbesondere im Vergleich zu der häufig untersuchten KVPT, ist derzeit nicht möglich (▶ Kap. 9).

3 Wissenschaftliche und therapietheoretische Grundlagen

Eine Vielzahl von Studien haben sich mit der Wechselbeziehung zwischen der Partnerschaftszufriedenheit bzw. Partnerschaftsqualität und dem psychischen und/oder körperlichen Wohlbefinden beschäftigt (für einen Überblick zu psychischen Störungen: Whisman und Baucom 2012; zu körperlichen Erkrankungen: Fischer et al. 2016; Martire et al. 2010; 2017; Rosland et al. 2012). In den nachfolgenden Kapiteln sollen die wesentlichen Befunde dargestellt und hinsichtlich ihrer Bedeutsamkeit für die KVPT erläutert werden.

3.1 Partnerschaftsunzufriedenheit und Auswirkungen

Unzufriedenheit in einer Partnerschaft, aber auch Trennung und Scheidung, gehen nicht nur kurz-, sondern auch langfristig mit einer Verschlechterung der allgemeinen und psychischen Gesundheit einher. Vor allem Partner in Langzeitpartnerschaften mit niedriger Partnerschaftsqualität, die trotz hoher Unzufriedenheit zusammen bleiben, weisen eine geringere Lebenszufriedenheit, einen niedrigeren Selbstwert und ein allgemein verringertes psychisches und körperliches Wohlbefinden auf als glückliche Paare, und berichten sogar von noch geringerer Zufriedenheit als geschiedene Personen (Hawkins und Booth 2005).

Chronische Paarkonflikte korrelieren bspw. mit:

- höheren Prävalenzraten für psychische Störungen (z. B. Depression, Angst- und Zwangsstörungen);
- einem höheren Ausmaß an akuten und chronischen Erkrankungen (z. B. grippale Infekte, Herz- und Kreislauferkrankungen, Krebserkrankungen);
- einem höheren Rückfallrisiko für episodisch verlaufende psychische Störungen (z. b. bei schizophrenen und depressiven Störungen);
- einer höheren Prävalenz von internalisierenden und externalisierenden Störungen bei Kindern.

3.1.1 Psychische Störungen

Bisherige Studien zeigen, dass Partner mit einer niedrigen Partnerschaftsqualität mit höherer Wahrscheinlichkeit eine psychische Störung aufweisen als Partner mit einer hohen Qualität (Whisman 1999). Zudem stellte sich die Partnerschaftsqualität als eine spezifische aufrechterhaltende Bedingung für fast alle der psychischen Störungen heraus (Whisman et al. 2000). Diese Befunde werden mithilfe einer Wechselbeziehung zwischen der Partnerschaftsqualität und der psychischen Gesundheit erklärt (Whisman und Baucom 2012): Während sich schwere und/oder chronische Partnerschaftskonflikte ungünstig auf das individuelle Stresserleben auswirken und Stress wiederum die Wahrscheinlichkeit für eine psychische Beeinträchtigung erhöht, wirken sich psychische Störungen, in Abhängigkeit davon, wie gut mit den Auswirkungen einer solchen als Betroffener oder Angehöriger umgegangen werden kann, auf die Zufriedenheit in der Partnerschaft aus – ein Teufelskreis entsteht.

Verschiedene Quer- als auch Längsschnittstudien zeigen insbesondere den Zusammenhang zwischen Partnerschaftskonflikten und depressiven, substanz- und angstbezogenen Störungen (Whisman und Baucom 2012). Eine niedrige Partnerschaftsqualität war mit folgenden Störungen assoziiert (Whisman 1999):

- Major Depression und Dysthymie,
- Panikstörungen,

- Agoraphobie,
- generalisierter Angststörung,
- posttraumatischer Belastungsstörung,
- Alkohol- und Drogenkonsum.

Darüber hinaus fokussieren zunehmend mehr Untersuchungen die Beziehung zwischen gestörtem Essverhalten (z. B. Anorexia nervosa, Bulimia nervosa, Binge Eating Disorders) und einer geringeren Partnerschaftsqualität. Sowohl die allgemeine Unzufriedenheit mit der eigenen Figur (Friedman et al. 1999) als auch konkrete Störungsbilder wie die Anorexia nervosa, Bulimia nervosa (Bussolotti et al. 2002) und die Binge Eating Störung (Whisman et al. 2012) gehen hierbei mit einer niedrigeren Partnerschaftszufriedenheit einher. Da Essstörungen auch mit einer Reihe von sexuellen Funktionsstörungen assoziiert sind (z. B. Appetenzstörungen, Pinheiro et al. 2010; Orgasmusstörungen, Morgan et al. 1995), gelten auch sexuelle Beeinträchtigungen als relevanter Faktor im Zusammenhang mit der subjektiv wahrgenommenen Partnerschaftsqualität.

Bei episodisch verlaufenden Erkrankungen (z. B. affektiven Störungen und Substanzabhängigkeit) gelten Paarkonflikte zusätzlich als negativer Prädiktor für den Behandlungsverlauf. Bei Schizophrenie, depressiven sowie bipolaren Störungen besteht zudem in einem Familienklima mit häufiger Kritik, Feindseligkeit und emotionalem Überengagement (vgl. Konzept der *Expressed Emotion*) ein erhöhtes Rückfallrisiko (Butzlaff und Hooley 1998; Hooley 2007). Im Bereich der Angststörungen liegen hingegen heterogene Befunde für den Behandlungsverlauf vor. Bspw. kann bei Vorliegen einer Agoraphobie eine negative Partnerschaftsqualität ein besonderer Ansporn sein, sich auf eine Exposition einzulassen, um sich bspw. aus der Abhängigkeit in der Partnerschaft zu befreien. Im Vergleich dazu gibt es bei Zwangsstörungen allerdings Hinweise, dass eine negative Partnerschaftsqualität langfristig den Therapieerfolg mindert.

Natürlich stellt das Zusammenleben mit einem psychisch beeinträchtigten Familienmitglied eine Belastung für die Partner und Angehörigen dar, die sich besonders in akuten Krankheitsphasen negativ auf das Familienleben auswirken kann (Friedmann et al. 1997). Hierbei werden objektive und subjektive Belastungsfaktoren unterschieden. Während unter der objektiven Belastung unmittelbar beobachtbare Einschränkungen durch die Störung (z. B. finanzielle Kosten, mangelnde Unterstützung durch den Patienten, Einschränkungen des Freizeitverhaltens und der Berufsausübung) subsummiert werden, gilt die Einschätzung der Situation durch die Angehörigen als subjektive Belastung. Eine höhere subjektive Belastung geht oft mit einem resignativen Bewältigungsstil und negativen Kausalattributionen einher. Letztere schreiben die Symptome und den Verlauf der Störung dem eigenen Versagen zu. Akzeptanz und Optimismus sind hingegen mit geringerer Belastung assoziiert. Insgesamt weisen Angehörige von psychisch erkrankten Menschen selbst eine überdurchschnittlich starke gesundheitliche Beeinträchtigung auf. So berichten viele Angehörige selbst von somatoformen, ängstlichen bzw. depressiven Beschwerden (Angermeyer et al. 2001).

Zudem gehen psychisch beeinträchtigte Menschen mit höherer Wahrscheinlichkeit Partnerschaften mit anderen ebenfalls psychisch auffälligen Personen ein. Das Zusammenleben mit einer Person, die eine psychische Störung aufweist, wirkt sich unabhängig von der Art der Störung negativ auf die anderen Familienmitglieder aus (Baronet 1999). Im Einzelfall bleibt es schwierig zu klären, ob die familiäre bzw. partnerschaftliche Interaktion zur Entwicklung einer psychischen Störung beigetragen hat oder eine aufrechterhaltende Bedingung ist und nicht andere Faktoren (z. B. genetische, biologische, soziodemografische) einen ähnlichen Erklärungswert besitzen.

3.1.2 Körperliche Erkrankungen

Neben den vorgestellten Befunden zur psychischen Gesundheit fokussieren zahlreiche Studien die Rolle der Partnerschaft im Zusammenhang mit körperlichen Erkrankungen. Bereits der Beziehungsstatus scheint sich hierbei auf das individuelle Befinden und die körperliche Gesundheit auszuwirken. Verheiratete Personen, insbesondere verheiratete Männer, zeichnen sich bspw. im Vergleich zu geschiedenen oder verwitweten Personen durch ein besseres Befinden, eine längere Lebensdauer, ein geringeres Risiko für akute oder chronische Erkrankungen und eine niedrigere Mortalitätsrate aus (Hughes und Waite 2009). Insbesondere die niedrigere Mortalitätsrate für verheiratete Personen bleibt auch bestehen, wenn potenzielle Einflussvariablen, wie das Alter oder Geschlecht, der sozioökonomischer Status und die Nationalität, kontrolliert werden (Carr und Springer 2010).

Zusätzlich wirkt sich die Partnerschaftsqualität indirekt auf das individuelle Gesundheitsverhalten und direkt auf kardiovaskuläre, endokrinologische, immunfunktionelle, neurosensorische und weitere physiologische Mechanismen aus (Kiecolt-Glaser und Newton 2001). Vor allem förderliches soziales Unterstützungsverhalten in einer Partnerschaft stärkt hierbei kardiovaskuläre, neuroendokrine und immunfunktionelle Systeme (Uchino 2006), wohingegen das Risiko für ischämische Herzkrankheiten und Tod infolge von Herzinsuffizienz nach Trennungen steigt (Kriegbaum et al. 2008). Chronisch unglückliche Beziehungen gehen mit einer Schwächung des Immunsystems durch einen chronisch erhöhten und später sinkenden Kortisolspiegel sowie einer erhöhten Krankheitsanfälligkeit einher (Gruenewald et al. 2006; Kiecolt-Glaser et al. 2005; Robles und Kiecolt-Glaser 2003). Im Umkehrschluss wirkt sich insbesondere bei Frauen ein regenerationsförderndes Zuhause i. S. einer positiven partnerschaftlichen Interaktion günstig auf die individuellen Kortisolprofile aus (Saxbe und Repetti 2010). Auch die Wundheilung wird positiv durch die Partnerschafts- und Interaktionsqualität beeinflusst (Kiecolt-Glaser et al. 2005; Whisman und Sbarra 2012). Da Partnerschaftskonflikte auch mit einer stärkeren Unterdrückung immunologischer Reaktionen und vermehrt auftretenden Entzündungsprozessen einhergehen, gilt das Risiko für Erkrankungen wie Typ-2-Diabetes, Arthritis und Alzheimer als erhöht (Kiecolt-Glaser et al. 2010).

Um die Auswirkungen der Partnerschaftsqualität auf die körperliche Gesundheit differenzierter zu betrachten, bringen Rosland et al. (2012) in ihrem systematischen Review positives und negatives Partnerschaftsverhalten mit verschiedenen somatischen Störungen (z. B. Arthritis, chronische kardiovaskuläre Erkrankungen, Diabetes, Niereninsuffizienz) in Verbindung. Hierbei zeigt sich, dass günstiges Partnerschaftsverhalten negativ mit somatischen Beschwerden korreliert ist, sodass paarbezogene Interventionen zunehmend relevanter für die Behandlung diverser Erkrankungen werden (z. B. bei Arthritis, chronischen Schmerzen, kardiovaskulären Erkrankungen und Typ-2-Diabetes).

Vom bio-psycho-sozialen Krankheitsmodell zur *we-disease*

Schwere oder chronische Krankheiten, Behinderungen oder psychische Störung betreffen oftmals nicht nur den Erkrankten selbst, sondern auch dessen Angehörige. In Paarbeziehungen leidet vor allem der Partner mit und ist bspw. von einer Tumorerkrankung (Zettl 2011; Zimmermann 2019) oder affektiven Störungen (Revenson et al. 2016) in einem besonderen Maße mit betroffen.

Bodenmann (2000) greift diese wechselseitige Betroffenheit auf und distanziert sich von der Annahme des bisherigen bio-psycho-sozialen Störungsverständnisses, in dem der Gesunde den Kranken unterstützt. Vielmehr sind durch die Interdependenz bezüglich der Bedeutung einer Erkrankung aber auch des resultierenden Befindens beide Partner beeinträchtigt und zur Bewältigung herausgefordert (Bodenmann 2016). In diesem Störungsverständnis wird das Paar zu einer Einheit und einem Team, dessen gemeinsame Aufgabe die Bewältigung der jeweiligen Belastung oder Erkrankung ist (dyadisches Coping; ▶ Kap. 5.1.7). Dadurch steht das Paar und nicht mehr die somatische Erkrankung oder psychische Störung im Mittelpunkt. Der Blickwinkel zur Nutzung gemeinsamer Ressourcen öffnet sich (z. B. »Was kann ich im Rahmen meiner Möglichkeiten und Ressourcen zum Gelingen des Alltags, aber auch zur Überwindung der Erkrankung beitragen?«, Bodenmann 2016, S. 57 ff.).

Im Sinne einer sogenannten we-disease trägt jeder Partner im Rahmen seiner Möglichkeiten zur Bewältigung bei und die Rollen des Gesunden und Kranken werden aufgelöst. Die gemeinsame Bewältigung wirkt sich wiederum günstig auf den Krankheitsverlauf aus und kann die Rückfallwahrscheinlichkeit reduzieren (Bodenmann 2016).

Da diese interpersonelle Sicht auf somatische Erkrankungen und psychische Störungen oftmals auch für die betroffenen Paare neu ist und das Ablegen der festen Rollen eines Erkrankten und Gesunden herausfordernd sein können, eignen sich die nachfolgenden Fragen für einen Einstieg in dieses Krankheitsverständnis und die Sensibilisierung beider Partner für ihre jeweiligen Beiträge (Bodenmann 2016, S. 319):

- Welches sind die wichtigsten oder stärksten Veränderungen für das Paar, seit die Diagnose bekannt wurde?
- Wie geht das Paar damit um?
- Welche Beiträge zur Überwindung der Störung kann jeder leisten?
- Wie kann man sich gegenseitig verstehen und unterstützen?
- Was macht man als Paar trotz der Erkrankung weiterhin besonders gut?
- Wo sind Schwachstellen und Schwierigkeiten?
- Wo braucht man auch Unterstützung von außen durch das soziale Netz (z. B. Freunde, Verwandte, Bekannte) oder Professionelle?
- Was hat die Diagnose auch an Gutem?

3.1.3 Elterliches Erziehungsverhalten und kindliche Gesundheit

Während eine positive und liebevolle Beziehung zwischen den Eltern zur psychischen Gesundheit ihrer Kinder beiträgt, sind Paarkonflikte und psychische Störungen der Eltern mit gegenwärtigen und zukünftigen Verhaltensproblemen der Kinder (z. B. psychische Störungen, geringe Schulleistung, Beziehungsschwierigkeiten mit Gleichaltrigen) assoziiert (Lexow et al. 2008; Mattejat und Lisofsky 2000). Das Ausmaß der Beeinträchtigung bei Kindern und Jugendlichen hängt dabei vom Schweregrad der partnerschaftlichen Auseinandersetzungen ab. Häufige, intensive und offene Konflikte zwischen den Eltern stellen leicht eine emotionale Überforderung für Kinder und Jugendliche und ein unangemessenes Modell für Problemlösestrategien dar. Außerdem verstärken Eltern in konfliktreichen Beziehungen oder mit psychischen Beeinträchtigungen häufiger intermittierend unerwünschtes kindliches Verhalten, greifen eher zu unangemessen harten Disziplinierungsmaßnahmen und zeigen vergleichsweise wenig liebevolle Zuwendung, Akzeptanz und Unterstützung ihren Kindern gegenüber als zufriedene und psychisch gesunde Eltern. Allerdings gelten elterliche Konflikte und kindliche Auffälligkeiten als bidirektional: Nicht nur Partnerschaftskonflikte beeinträchtigen die Anpassung der Kinder, sondern Auffälligkeiten der Kinder und Jugendlichen können ebenso die elterliche Beziehung belasten.

3.2 Grundlegende theoretische Modelle

In der Regel sind Paare zu Beginn ihrer Partnerschaft glücklich miteinander. Die weitere Partnerschaftsqualität und -stabilität wird mit einer Vielzahl an individuellen und paarorientierten Merkmalen in Zusammenhang gebracht (z. B. demografischen Daten, Persönlichkeitsmerkmalen, Übereinstimmung der Merkmale der Partner), wobei die meisten dieser Merkmale nur einen geringen Beitrag zur Varianzaufklärung leisten (Karney und Bradbury 1995). Bisherige Studien zeigen stattdessen, dass die Ausprägung der Partnerschaftsqualität in hohem Ausmaß von den Kommunikations- und Problemlösefertigkeiten der Partner und den gemeinsam geteilten Einstellungen abhängt.

Diese Befunde lassen sich am besten mithilfe lern- und austauschtheoretischer Theorien erklären, aus denen sich wiederum direkt Ansatzpunkte für Interventionen ableiten lassen. In den nachfolgenden Abschnitten sollen daher zwei Theorien genauer erläutert werden, die beschreiben, inwieweit sich Defizite in den Kommunikations- und Problemlösefertigkeiten sowie die resultierende Unfähigkeit eines Paares, gemeinsam Konflikte zu lösen, langfristig negativ auf das Partnerschaftsklima auswirken können. Weitere Theorien können z. B. bei Kaiser (2000) oder in dem Beitrag von Lösel und Bender (2000) nachgelesen werden.

3.2.1 Der Zwangsprozess

Die Zwangsprozesshypothese zur Verschlechterung der Ehequalität (Patterson und Reid 1970; Patterson und Hops 1972) basiert im Wesentlichen auf der sozialen Lern- (Bandura 1971) und Austauschtheorie (Thibaut und Kelley 1959) und geht ursprünglich auf Forschungsarbeiten zu (negativen) Lerneffekten spezifischer Familieninteraktionen zurück. Anfang der 1970er Jahre wurden die sogenannten Zwangsprozesse i. S. kommunikativer Teufelskreise und Eskalationsspiralen auf Partnerschaften übertragen.

Ausgangspunkt ist der Wunsch eines Partners, den jeweils anderen zu verändern. Dieser Wunsch erwächst fast zwangsläufig aus den (natürlichen) Veränderungen im Rahmen einer Partnerschaft, die durch Enttäuschungen partnerschaftlicher Erwartungen (z. B. wenn beide Partner unterschiedliche Beziehungskonzepte mit in die Partnerschaft bringen oder anfängliche Idealisierungs- und Harmonisierungstendenzen abnehmen), kritische Lebensereignisse (z. B. Umzug, Arbeitslosigkeit) und den Familienzyklus (z. B. die Geburt eines Kindes) oder alltäglichen Kleinigkeiten (die erst durch die Häufigkeit ihres Auftretens aversiv werden) hervorgerufen werden können. Insbesondere in Krisenzeiten, aber auch in alltäglichen Situationen, bedienen sich Partner dann unterschiedlich hilfreicher Methoden, um den jeweils anderen zu Verhaltensänderungen zu bringen. Hierfür werden Belohnungen und Bestrafungen eingesetzt. Gelingt keine zufriedenstellende Adaptation an die neue Situation, die Erwartungen und Forderungen des jeweils anderen Partners oder kann keine von beiden Partnern akzeptierte Problemlösung erzielt werden, sodass der Wunsch nach Verhaltensänderung unbefriedigt bleibt, setzt ein sogenannter *Zwangsprozess* ein.

Partner A greift hierbei – meist nach Anwendung verschiedener erfolgloser Methoden (z. B. den Partner darum bitten, den Müll regelmäßig vor die Tür zubringen) – zu aversiven Maßnahmen, in dem er eine Veränderung durch Bestrafung (z. B. Nörgeln, Drohen) oder Entzug positiver Verstärker (z. B. nicht mehr aktiv zuhören, Verweigerung von Intimität und Zärtlichkeiten) durchzusetzen versucht. Hält Partner A diese aversiven Maßnahmen lange genug aufrecht, wird Partner B kurzfristig einlenken und sein Verhalten an die Wünsche von Partner A anpassen. Partner B wird dadurch negativ verstärkt; d. h., sie/er lernt, dass Partner A aufhört zu nörgeln, zu drohen, zu schreien, sobald er einlenkt. Gleichzeitig wird Partner A in seinem aversiven Verhalten positiv verstärkt, d. h., sie/er lernt, dass durch die aversiven Maßnahmen die gewünschte Verhaltensänderung endlich eintritt. Allerdings kann er sich nie darauf verlassen, dass seine Maßnahmen auch beim nächsten Mal Erfolg haben werden (intermittierendes Verstärken). Infolge dieser Lernprozesse steigt zukünftig die Wahrscheinlichkeit bei beiden Partnern, dass aversive Methoden zur Durchsetzung eigener Interessen angewendet werden. Problematisch ist weiterhin, dass sich durch aversive Methoden keine dauerhaften Verhaltensänderungen hervorrufen lassen, sodass sich einerseits immer mehr ungelöste Konflikte anstauen und andererseits die Partner an die gezeigten Strafreize habituieren. Die aversiven Maßnahmen müssen somit in ihrer Intensität gesteigert werden, um noch eine Wirkung zu erzielen. Dies kann dazu führen, dass einer der Partner mit Tabubrüchen (»Dann sag ich Deiner Mutter, dass ...«), Trennung, Suizid oder Gewalt droht bzw. diese Drohungen auch umsetzt werden (▶ Kap. 5.2.4). Begleitet wird diese negative Spirale durch eine reziproke Reduktion der positiven Interaktion in der Beziehung, die durch Gewöhnungsprozesse noch beschleunigt wird. Vor diesem Hintergrund nehmen die Attraktivität und Zuneigung langfristig ab, sodass andere Partner gleichzeitig an Attraktivität gewinnen. Aufgrund der Lernprozesse kann der Zwangsprozess jederzeit und sehr schnell ausgelöst werden, insbesondere wenn das Paar bspw. zum Erstgespräch in eine Paartherapie kommt und erstmalig von seinen Schwierigkeiten in der Partnerschaft und miteinander berichtet.

3.2.2 Die Theorie der partnerschaftlichen Stabilität

Während die Zwangsprozesshypothese als ein Modell auf der Mikroebene gilt, bezieht sich die Theorie der partnerschaftlichen Stabilität (Gottman 1994) auf die Makroebene von Partnerschaften. Es handelt sich um ein integratives Modell von dem sich (auch gemeinsam mit dem Paar) Hypothesen ableiten lassen, die auch als Ansatzpunkte für Interventionen in der Paartherapie genutzt werden können.

Im Rahmen der Theorie der partnerschaftlichen Stabilität, die auch als *Balancetheorie* bezeichnet wird, führen heftige Auseinandersetzungen nicht zwangsläufig zur partnerschaftlichen Unzufriedenheit bzw. Trennung oder Scheidung. Basierend auf Beobachtungsstudien postuliert die Theorie eine wechselseitige Balance von Kommunikation, Psychophysiologie und Wahrnehmung (Gottman 1994), die wie ein Puffer über längere Zeit die Partnerschaftszufriedenheit aufrechterhalten kann. Bspw. wird bei beginnenden Partnerschaften vermutet, dass sich zwischen der Interaktion, Wahrnehmung und Physiologie ein Zustand der Balance einstellt. Das Paar interagiert deutlich positiv (Kommunikation), beide nehmen einander, die Gegenwart und Partnerschaft positiv, durch die sogenannte »rosarote Brille« wahr (Wahrnehmung) und beim Anblick des anderen breitet sich Wohlbefinden aus (Physiologie). Vom Partner geht eine als angenehm und stimulierend erlebte psychophysiologische Wirkung aus; seine Abwesenheit wird als aversiv erlebt. Ihm werden positive Attribute zugeschrieben und Unterschiede zwischen den Partnern entweder als attraktiv bewertet oder negiert. Solange ein Verstärker-Verhältnis von fünf positiv wahrgenommenen Interaktionen zu einer negativen besteht, werden sich die Partner auch im Rahmen von Konflikten psychophysiologisch schneller beruhigen und dadurch eher zu einer Problemlösung beitragen können. Paare mit geringer Kommunikationsfrequenz oder mit intensiven Auseinandersetzungen können langfristig also auch stabil und glücklich zusammenleben, wenn das subjektiv wahrgenommene positive Verhältnis von 5 : 1 aufrechterhalten wird.

Metapher: *Das Beziehungskonto*

Mithilfe der Metapher Beziehungskonto kann Paaren verständlich vermittelt werden, dass ein regelmäßiges Engagement für die Beziehung notwendig wird, insbesondere dann, wenn aufgrund einer psychischen Störung oder körperlichen Erkrankung das Konto stark belastet wurde. Eine sexuelle Affäre mit der besten Freundin der Partnerin ist hingegen mit einer Insolvenzanmeldung gleichzusetzen. Es ist die Aufgabe beider Partner, für Einzahlungen zu sorgen. Die Währung und die Höhe der Buchungen sind mit der subjektiven Wertigkeit des Empfängers assoziiert (z. B. Küche aufräumen, schwieriges Gespräch mit dem Nachbarn führen, Streicheleinheiten, Sex mal anders).

Verringert sich dauerhaft das Verstärker-Verhältnis, wirkt sich dies auch negativ auf die Attributionsprozesse aus und der Partner wird dauerhaft als unangenehm erlebt (sogenanntes Flooding). Die gestörte Balance zeigt sich beispielsweise in aggressiven Auseinandersetzungen mit dem Partner oder ängstlich-resignativen Rückzugsverhalten. Infolgedessen schlägt auch die Wahrnehmung wie durch einen Kippschalter um und das angenehme Empfinden wird zum Leiden an und in der Beziehung. Durch dieses stabile negative Erleben wird akuter Stress ausgelöst, der wiederum eine Kampf-Flucht-Reaktion auslöst. Folglich distanzieren sich die Partner immer mehr voneinander (Distanz/Isolierung). Neben der Gegenwart und Zukunft wird nun auch die gemeinsame Beziehungsgeschichte verändert wahrgenommen. Positive Aspekte der Partnerschaft und gemeinsame freudige Ereignisse werden schlechter erinnert. Stattdessen geht diese Reaktion mit negativen Attributionen einher (z. B. »Wie konnte ich mich auf diesen ... je einlassen?«, »Der ... soll einmal nachgeben!«, »Er ist an allem schuld!«). Die letzte Stufe des Prozesses sind Trennung und Scheidung.

Basierend auf diesem Modell lassen sich viele behaviorale und kognitive Interventionen ableiten. Während der Exploration ist es daher hilfreich, Formulierungen der Partner aufzuschreiben, um sie später im Kontext des Modells zu verwenden und die Indikation der einzelnen Intervention begründend darzulegen. Zudem vermittelt es dem Paar auch Verantwortung für die Partnerschaft und Kontrolle über das eigene Verhalten.

Th.: Sie hatten bereits in der letzten Sitzung beschrieben, dass Sie nur noch wenig miteinander unternehmen. Und dass dies eigentlich im Kontrast zu der Zeit stehe, als Sie noch keine Kinder hatten.
Frau: Ja, das stimmt!
Mann: Mmh! (nickt)
Th.: Wenn ich mich richtig erinnere, sagten Sie (wendet sich zu dem Mann), dass Sie schon auch Lust haben, mehr mit Ihrer Frau zu unternehmen; Sie sprachen von dem Rockkonzert und Motorradfahren.
Mann: Ja, genau!

Th.: Nun hatten Sie ja in der vergangenen Woche die Aufgabe, den anderen zu beobachten und zu bemerken, was der andere Ihnen Gutes tut. Ich bin gespannt, was Sie entdeckt haben.
Mann: Tatsächlich sind wir am Sonntag mit den Motorrädern unterwegs gewesen. Das war eine echt tolle Zeit!
Frau: Ja, ich habe mich mal darauf eingelassen.
Th.: Oh, das kostete sicherlich zunächst etwas Überwindung; wie wirkte sich Ihr Verhalten auf die Beziehung aus?
Frau: Da hat mein Mann Recht; es war eine schöne Zeit. (Pause) Auf dem Parkplatz (schaut zu ihrem Mann) haben wir uns sogar geküsst.
Th.: Aha! (nickt) Das heißt, Sie haben sich überwunden und investiert und Sie beide haben eine für beide angenehme Zeit gemeinsam verbracht. Mal schauen, was Sie noch entdeckt bzw. gemacht haben. Was haben Sie denn notiert? (Frage an den Mann)

3.2.3 Systemisch-transaktionales Modell

Während sich kritische Lebensereignisse (z. B. schwere Erkrankungen) zunächst positiv auf die Paarkohäsion auswirken (z. B. »Wir stehen das gemeinsam durch«) und erst bei dauerhafter Einwirkung problematisch werden können, untergraben alltägliche Stressoren langfristig die Paarbeziehung und wirken sich negativ auf die Partnerschaftsqualität und den -verlauf aus (Bodenmann und Cina 1999, 2000; Bodenmann et al. 2007). Gleichzeitig nehmen die Alltagsbelastungen im Verlauf einer Partnerschaft und entsprechend der verschiedenen Stationen im Familienzyklus (▶ Einleitung) bis in mittlere Erwachsenenalter zu (Bodenmann 2012).

Bodenmann (1995, 2000) hat in diesem Zusammenhang das *systemisch-transaktionale Stressmodell* (STM) entwickelt, welches mittlerweile als international anerkannt gilt und sich auf die Stressbewältigung in Partnerschaften und Familien bezieht. Dem STM liegen folgende Kernannahmen zugrunde:

1. Alltagsstress hat einen längerfristig negativen Einfluss auf die Partnerschaftsqualität sowie den Verlauf und die Stabilität einer Beziehung.
2. Stress wirkt sich in Paarbeziehungen auf beide Partner aus.
3. Paare verfügen über individuelle und dyadische Coping-Ressourcen.
4. Im Rahmen der Stressbewältigung werden zunächst individuelle, dann dyadische und im letzten Schritt professionelle Unterstützungsangebote genutzt.
5. Dyadisches Coping ist ein Hauptprädiktor für das Funktionsniveau des Paares (z. B. Reduktion des Stressniveaus, Festigung des Wir-Gefühls und der Intimität des Paares).

Aus dem Modell gehen sowohl ein Selbstbeurteilungsverfahren (siehe *Dyadisches Coping Inventar*, Bodenmann 2008) zur Diagnostik als auch ein Präventionsprogramm für Paare (*Paarlife*, www.paarlife.ch, Bodenmann et al. 2008) hervor.

Das Konzept des *dyadischen Copings* ist ein wesentlicher Bestandteil des STMs. Die Grundlage dieser Bewältigungsstrategie bildet der *Trichter des psychischen Erlebens*, wobei sich das Paar gemeinsam von der oberflächlichen Situation als das eigentliche Stressereignis, mit seinen faktischen Umständen in die Tiefe arbeitet, um sowohl leicht zugängliche oberflächliche Emotionen (z. B. Gereiztheit, Unruhe, Anspannung, Ärger) als auch tieferliegende Gefühle (z. B. Scham, Angst, Einsamkeit, Hilflosigkeit, Verzweiflung, Ekel) benennen zu können. Ziel dieses »Abtauchens« der sogenannten *Trichtermethode* (▶ Kap. 5.1.7), ist die Freilegung und das Bewusstmachen der zentralen Schemata und Konstrukte, die für die Stresssituation und deren individuelle Bewertung und Verarbeitung relevant sind. Erst die Kenntnis dieser Schemata macht eine angemessene und funktionale, im Idealfall gemeinsame Bewältigung der Belastung möglich. Mithilfe des positiven supportiven dyadischen Copings werden sowohl das psychische als auch physische Wohlbefinden, aber auch die individuelle Leistungsfähigkeit und Zufriedenheit gesteigert. Die Partnerschaft wird als hilfreich, unterstützend und wertvoll erlebt, was unmittelbar positive Auswirkungen auf die Partnerschaftsqualität, -zufriedenheit und -stabilität hat, aber auch die Sicherheit bezüglich der Partnerschaft fördert.

Formen des dyadischen Copings

Positives supportives dyadisches Coping beschreibt problem- (z. B. Ratschläge, materielle Unterstützung, Entlastung des Partners) und emotionsbezogene (z. B. Wertschätzung/Verständnis, Interesse am Stress des Partners) sowie Unterstützungsangebote von Partner B, die Partner A bei der Stressbewältigung unterstützen sollen.

Negatives supportives dyadisches Coping umfasst verschiedene Unterformen:

a. Hostiles dyadisches Coping meint direkt feindselige verbale und non-verbale Äußerungen von Partner B auf Stressäußerungen von Partner A (z. B. »Entspanne dich doch mal«, »Jetzt hör mit dem Gejammer auf, das macht alles nur schlimmer«, gereizter Tonfall, distanzierte Körperhaltung).
b. Beim ambivalenten dyadischen Coping gibt Partner B zwar Unterstützungsangebote, aber sein eigener Beitrag wird als unnötig oder belastend erlebt und ist durch subtile, meist non- oder paraverbale Anzeichen der fehlenden oder mangelhaften Motivation gekennzeichnet (z. B. »Jetzt sag dem doch mal, dass man mit dir nicht machen kann, was man will. Wenn ich dich mit Klaus vergleiche: Der wehrt sich immer…«).
c. Floskelhaftes dyadisches Coping beschreibt unengagiertes und ohne Motivation erfolgende, leere Worthülsen (z. B. »Du, alle haben heute Stress«).

Delegiertes dyadisches Coping beschreibt die vollständige Übernahme von bestimmten, stressrelevanten Aufgaben oder Tätigkeiten durch Partner B (z. B. Entlastung durch die Übernahme von Einkäufen, Haus-/Wohnungsputz).

Gemeinsames dyadisches Coping umfasst sämtliche problem- und emotionsbezogenen Bemühungen beider Partner, um eine Stresssituation, die beide betrifft, mit vereinten Kräften zu bewältigen (z. B. gemeinsame Problemlösung, gemeinsame Spaziergänge zum Abschalten).

3.3 Rechtliche und ethische Voraussetzungen bei Paartherapie

Unabhängig von ihrem Einsatz in Paar-, Familien oder Individualtherapien setzen paarorientierte Interventionen rechtliche und ethische Rahmenbedingungen voraus. Diese sollten unbedingt vor der aktiven Interventionsphase bedacht, kritisch geprüft und gegenüber den Paaren, Familien und/oder Patienten/Klienten klar kommuniziert werden.

3.3.1 Rechtliche Voraussetzungen

Wenn Partner oder nahe Angehörige in eine Individualtherapie einbezogen werden, sollte vorher mit dem Patienten festgelegt werden, welche bisher mitgeteilten Inhalte im Rahmen der Einzelbehandlung der Schweigepflicht unterliegen. Persönliche Geheimnisse dürfen bspw. rechtlich nicht ohne Einwilligung des Einzelpatienten im Paargespräch offengelegt werden. Im Einzelfall kann hieraus ein ethischer Konflikt aufseiten des Therapeuten resultieren (z. B. bei verheimlichten Infektionen durch HIV bzw. sexuell übertragbaren Erkrankungen), der sich wiederum negativ auf die jeweilige Behandlung und das Paargespräch auswirken kann. Die Entbindung der Schweigepflicht kann jederzeit – auch im laufenden Paargespräch – zurückgezogen werden, da der Therapeut allein dem Patienten verpflichtet ist.

Sofern Gespräche mit dem Partner, den Angehörigen oder anderen Sozialpartnern im Rahmen des individuellen Bedingungsmodells begründet dargelegt werden, kann bei einer Einzeltherapie, falls eine Antragspflicht besteht, der Einbezug von Bezugspersonen gesondert beantragt werden. Bei episodisch verlaufenden Störungen, besonders affektiven und psychotischen Störungen, ist es gutachterlich erwünscht, das Kommunikations- und Problemlösetraining als Teil der Rückfallprophylaxe durchzuführen.

Paartherapie ist keine Leistung der Gesetzlichen und Privaten Krankenkassen. Daher sollte der Therapeut einen Vertrag nach dem Bürgerlichen Gesetzbuch vorbereitend aufgesetzt haben, um mit dem Paar abrechnen zu können. Über das Honorar und die ungefähre Anzahl der Sitzung ist aufzuklären. Zudem ist ein Behandlungsvertrag zu schließen, in dem die Patientenrechte beschrieben werden. Die sog. »Offenheitsregel« ist bei Paartherapie in den ersten zwei gemeinsamen Sitzungen in jedem Fall einzuführen.

> **Cave**
>
> Die Offenheitsregel lautet: Alle Inhalte, die der Therapeut erfährt, können zum Thema in der Paartherapie werden!

3.3.2 Ethische Voraussetzungen

In der Paartherapie ist der Therapeut im Sinne einer funktionalen therapeutischen Beziehung und zur Vermeidung ungünstiger Dreieckskonstellationen gegenüber beiden Partnern verpflichtet. Vor diesem Hintergrund sollte er unbedingt im Erstgespräch in seiner Funktion als objektiver Dritter auf die Offenheitsregel hinweisen: Alle Inhalte, die der Therapeut erfährt, können zum Thema in der Paartherapie werden. Werden ihm bisher verheimlichte Themen in Einzelsitzungen von einem der beiden Partner anvertraut, sollte er auf eine Offenbarung drängen, seine Unterstützung dabei anbieten und ansonsten die Paartherapie beenden. Es besteht sonst die Gefahr, dass zentrale Inhalte in der Paartherapie nicht bearbeitet werden dürfen und der therapeutische Prozess stagniert. Zudem kann der Therapeut zu einem späteren Zeitpunkt seine Glaubwürdigkeit verlieren, wenn seine Kenntnis über tabuisierte oder verheimlichte Themen – meist im Streit der Partner – Preis gegeben wird.

Zusätzlich sollten bei paarorientierten Interventionen immer die Konsequenzen für beide Partner und involvierte Kinder und Jugendliche bedacht und entsprechend berücksichtigt werden. Bspw. stellt die Beziehung der Kinder und Jugendlichen zu beiden Elternteilen einen besonderen Wert dar, den es in der Abwägung möglicher Folgen paarorientierter Interventionen zu berücksichtigen gilt. Im Konfliktfall der

3.3 Rechtliche und ethische Voraussetzungen bei Paartherapie

bio-medizinischen Prinzipien gilt die Schadensvermeidung (z. B. Suizidversuch, sozial unverträgliche Trennung) als höherrangig vor der Autonomie des Patienten, der Pflicht zur Hilfeleistung oder der Gerechtigkeit (Reiter-Theil und Fahr 2005). Im familiären Kontext können häufig moralische Dilemmata entstehen, sodass eine Prioritätensetzung der Prinzipien und Werte vor der Bearbeitung einer Kasuistik sowie eine ethische Entscheidung im Konsens mit Kollegen erfolgen sollten. Zu weiteren ethischen Fragestellungen und Kasuistiken muss auf die Literatur hingewiesen werden (Burkemper 2002).

Dem Wunsch eines Paares nach einer Paartherapie anlässlich einer gerade beendeten Außenbeziehung des Ehemanns wurde nicht entsprochen, weil die Ehefrau im siebten Monat schwanger war. Bei der Entscheidungsfindung wurden mit Blick auf die in der Paartherapie zu erwartende Destabilisierung der Ehefrau und der Paarkonstellation die daraus resultierenden möglichen Komplikationen in der Schwangerschaft oder eine vorgeburtlichen Trennung sehr hoch gewichtet. Die begonnenen konstruktiven Vorbereitungen des Paares auf die Geburt und die aktuelle Vermeidung von Gesprächen über Sexualität und der Außenbeziehung wurde zum jetzigen Zeitpunkt als angemessen bewertet. Eine Behandlung wurde nach der Geburt angeboten.

4 Kernelemente der Diagnostik

Bereits im *Erstgespräch* werden zentrale diagnostische Ziele verfolgt, indem die Eignung des Paares für eine Paartherapie abgeklärt und dem Therapeuten einen Einblick in die Problemlage gegeben wird, beide Partner für die Therapie motiviert und ihnen Informationen über das weitere Vorgehen vermittelt werden.
In den folgenden Sitzungen sollte:

1. ein Einblick in die Lebens- und Partnerschaftsgeschichte gewonnen,
2. die jeweiligen Beziehungskonzepte transparent offengelegt,
3. die Problembereiche des Paares erfasst,
4. differenzialdiagnostische Probleme abgeklärt,
5. die Ressourcen des Paares herausgearbeitet,
6. die weitere Behandlung gemeinsam geplant und
7. die Therapieevaluation vorbereitet werden.

Einzelgespräche können die gemeinsamen Gespräche ergänzen. Ziel ist die genauere Analyse der wichtigsten Konfliktbereiche auf der kognitiven, emotionalen und verhaltensbezogenen Ebene. Der Therapeut hat damit die Möglichkeit, die Partner als Einzelpersonen näher kennenzulernen, außerdem können diese angstfreier und ungehemmter über ihre persönliche Sichtweise der Schwierigkeiten sprechen. Zum Abschluss sollten die spezifischen, individuellen Therapieziele formuliert werden.

In ungefähr der *vierten Stunde* werden die Ergebnisse der diagnostischen Sitzungen transparent dargelegt und mögliche Ansatzpunkte für die Behandlung besprochen. Anschließend werden die Therapieziele spezifiziert. Das Paar verpflichtet sich bei Fortsetzungswunsch der Paartherapie, für bspw. weitere zehn Sitzungen teilzunehmen. Für diesen Zeitraum wird angenommen, dass die Partner zusammenbleiben. Eine Entscheidung über eine Trennung sollte erst danach erfolgen. Gemäß klinischer Erfahrung kann bereits nach den ersten Sitzungen mit dem Paar bilanziert werden, wenn folgende Indikatoren für einen prognostisch negativen Verlauf vorliegen:

- mangelnde Bereitschaft und Fertigkeiten der Selbstöffnung sowie der Empathie – auch unter therapeutischer Anleitung,
- mangelnde Bereitschaft, Fertigkeiten und/oder Priorisierung, gemeinsam erarbeitete Vereinbarungen umzusetzen und Übungen allein sowie mit dem Partner durchzuführen,
- rigide Einstellungen zur Partnerschaft (z. B. Rollenerwartung) oder zu anderen partnerschaftsrelevanten Lebensbereichen (z. B. Herkunftsfamilie, Beruf, Erziehung),
- Hass oder Ekel evozierende Verhaltensweisen des Partners,
- wiederkehrende Täuschungen und Halbwahrheiten.

Hilfreiche Fragen zur Bilanzierung finden sich andernorts (▶ Kap. 4.1.4). Eine Therapiepause (z. B. von ca. zwei Monaten) kann Paaren helfen, ihre Veränderungsmotivation hinsichtlich einer konstruktiven Problembearbeitung bzw. -lösung noch einmal zu klären oder sich zu einer Trennung zu entschließen.

Kosten-Nutzen-Analyse für die Partnerschaft

Stehen Trennungsgedanken stark im Vordergrund, kann eine Abwägung der Kosten und Nutzen der Partnerschaft sinnvoll sein (▶ Tab. 4.1).

Tab. 4.1: Beispiel für Kosten-Nutzen-Abwägung bzgl. einer Partnerschaft

Mögliche Kosten einer Partnerschaft	Mögliche Nutzen einer Partnerschaft
• Weniger Zeit für sich selbst • Unterschiedliche Erwartungen an die Partnerschaft	Zärtlichkeit, Geborgenheit, Liebe Gefühl, gebraucht zu werden, nützlich und wertvoll zu sein

> **Tab. 4.1:** Beispiel für Kosten-Nutzen-Abwägung bzgl. einer Partnerschaft – Fortsetzung
>
> | Mögliche Kosten einer Partnerschaft | Mögliche Nutzen einer Partnerschaft |
> | --- | --- |
> | • Finanzielle Verpflichtungen | • Zusammengehörigkeit (Wir-Gefühl) |
> | • Häufige Konflikte, Meinungsverschiedenheiten, Unverständnis | • Sexuelle Befriedigung |
> | • Beziehungen zur Herkunftsfamilie, die problematisch ist | • Emotionale Sicherheit und Vertrauen |
> | • Rücksichtnahme, Kompromisse und Einschränkungen, die schwer fallen | • Gemeinsame Kinder |
> | • Unterschiedlichkeit bezüglich wichtiger Einstellungen, Werte, Normen und Ziele im Leben | • Gemeinsame Entwicklung und Wachstum durch Impulse des Partners |
> | • Sexuelle Aktivitäten, die den eigenen Bedürfnissen nicht entsprechen | • Materielle Sicherheit |
>
> Weiterführende Literatur zu therapeutischen Interventionsmöglichkeiten bei Trennung und Scheidung findet sich an anderer Stelle (z. B. Hötker-Ponath 2009), ebenso wie eine Übersicht zu Folgen und Hilfsangeboten für Kinder in Scheidungsfamilien (z. B. Schwarz 2009).

4.1 Selbstbeurteilungsverfahren

Wesentliche Ziele einer paarorientierten Diagnostik sollten sein, (1) die Problembereiche des Paares zu erfassen, (2) Risikopartnerschaften bzw. (3) ggf. kindliche Verhaltensprobleme früh zu erkennen und (4) die Therapieevaluation vorzubereiten. In der Praxis haben sich hierfür eine Reihe von reliablen, validen und ökonomischen Selbstbeurteilungsinstrumenten bewährt, die jeweils innerhalb von fünf bis zehn Minuten ausgefüllt werden können. Während ausgewählte Verfahren in den nachfolgenden Abschnitten detaillierter vorgestellt werden, wird zur weiteren Vertiefung auf Richter et al. (2015) verwiesen.

4.1.1 Identifikation von Problembereichen

Um in kurzer Zeit einen Überblick über gemeinsame Einschätzungen, Ressourcen und konflikthafte Themen zu gewinnen, kann bereits vor dem ersten Paargespräch beiden Partnern die *Problemliste* (PL; Hahlweg 2016) ausgehändigt werden. Die Paare sollen hinsichtlich von 23 Problembereichen einschätzen, inwieweit Konflikte bestehen, diese erfolgreich gelöst oder vermieden werden oder häufig zu Streit führen. Paare, die Paartherapie in Anspruch nahmen, gaben im Mittel acht Konfliktbereiche an. Wenn die Bereitschaft des Paares besteht, Folgesitzungen in Anspruch zu nehmen, kann beiden Partnern zusätzlich der *Partnerschaftsfragebogen* (PFB; Hahlweg 2016) ausgehändigt werden. Die 30 vierstufigen Items erfassen die Negativität des Streitverhaltens, das Ausmaß der Zärtlichkeit und die Güte der partnerschaftlichen Kommunikation. Idealerweise sollte vor der Folgesitzung die Auswertung erfolgen, sodass eine zeitnahe Rückmeldung an das Paar durchgeführt werden kann. Dieses Instrument eignet sich auch zur Evaluation der Behandlung. Bei paarunterstützenden Interventionen bei psychischen Störungen bzw. körperlichen Erkrankungen ist das *Dyadische Coping Inventar* (DCI; Bodenmann 2008) mit 37 fünfstufigen Items einzusetzen, das die Stressäußerungen aus der Sichtweise der jeweiligen Partner und verschiedene Arten des dyadischen Copings erfasst.

4.1.2 Risikopartnerschaften

Das Instrument *Verhalten bei Konflikten* (VK; Straus 1979) sollte dann eingesetzt werden, wenn das Ausmaß psychischer und körperlicher Gewalt bestimmt werden soll. Aufgeführt werden 18 Verhaltensweisen, die danach beurteilt werden, wie häufig die Person selbst bzw. der Partner das Verhalten im letzten Jahr gezeigt hat und inwieweit das Verhalten überhaupt in der Partnerschaft vorgekommen ist. Es hat sich bewährt, die Items zu schwereren Formen der körperlichen Gewalt im persönlichen Gespräch zu erfragen. Es existieren auch Fragebögen zur Erfassung von körperlicher und psychischer Gewalt, z. B. die *Conflict Tactics Scale* (CTS2; Straus et al. 1996; ▶ Kap. 5.2.4).

4.1.3 Kindliche Verhaltensprobleme

Wird ein Elternteil oder ein Paar mit Kindern behandelt, kann der *Fragebogen zu Stärken und Schwächen* (*Strengths and Difficulties Questionnaire*, SDQ; Goodman 1997) zum Screening hinsichtlich kindlicher Verhaltensprobleme eingesetzt werden. Mit jeweils fünf dreistufigen Items werden emotionale Probleme, Verhaltensprobleme, Hyperaktivität, Schwierigkeiten in Beziehungen zu Gleichaltrigen und prosoziales Verhalten erhoben. Es liegen Formen für Kinder und Jugendliche im Alter von 4–16 Jahren als Eltern- und Lehrerbeurteilung vor; für 11–16-Jährige gibt es einen Selbstbeurteilungsfragebogen. Die Fragebögen, Auswertungshinweise und weiterführende Literatur sind unter www.sdqinfo.com zugänglich. Weitere paar- und familienorientierte Verfahren finden sich in Klann et al. (2003).

4.1.4 Therapieevaluation

Vor, während und nach einer paarunterstützenden Intervention oder Paartherapie sollte gemeinsam mit dem Paar überprüft werden, inwieweit konkrete Teilziele erreicht wurden. Dazu eignet sich in besonderer Weise die Problemliste und der Partnerschaftsfragebogen.

Insbesondere zum Abschluss der Therapie sollten die Partner zur Reflexion angeregt werden, was sie persönlich aus der Therapie mitnehmen und wie sie die besprochenen und geübten Inhalte in ihren Alltag ohne therapeutische Begleitung integrieren können. Als Anregung für ein Bilanz- oder Abschlussgespräch können die nachfolgenden Fragen genutzt werden.

Die Beziehung rückblickend betrachten

Was waren unsere Gründe, ein Paar zu werden?

- Was hat uns anfangs aneinander gefallen?
- Warum sind wir eine langfristige Beziehung eingegangen/haben geheiratet?

Wie haben wir uns individuell und als Paar entwickelt?

- Wie haben mein Partner und ich uns gegenseitig geholfen, uns als Individuen zu entwickeln?
- Wie haben wir das Beste oder das Schlechteste bei dem anderen hervorgebracht?

Was haben wir gut gemacht?

- Was sind unsere größten Erfolge als Paar?
- Was würden wir am meisten vermissen, wenn wir unsere Beziehung jetzt beenden würden?

Welche Herausforderungen haben wir gemeinsam gemeistert?

- Was hat uns gemeinsam am meisten herausgefordert?
- Wie haben wir es geschafft, diese Herausforderungen zu meistern?
- In welcher Weise haben uns vergangene Herausforderungen als Paar stärker gemacht? In welcher Weise haben sie uns verletzt, enttäuscht oder verletzlich gemacht?
- Wie haben wir es nach einer Verletzung geschafft, uns wieder näherzukommen?
- Wie hat sich unsere Partnerschaft entwickelt, sodass neue oder schwierige Herausforderungen gemeistert werden können?

Wie fügt sich die Affäre (oder anderes schwer kränkendes Verhalten) in das große Ganze ein?

- War mein Partner vor dieser Affäre treu?

- Hatte mein Partner diese Affäre in einer Zeit, als unsere Beziehung besonders verletzbar war?

Zurückblickend auf die Zeit vor der Affäre:

- Wie zufrieden waren wir mit unserer Partnerschaft?

Außerdem sollten wichtige Prädiktoren für den nachhaltigen Erfolg der Paartherapie besprochen werden: So sollte auf die Regeln der Kommunikation noch einmal hingewiesen werden. Insbesondere verhindert die Aufteilung in Zuhörer- und Sprecherrolle ein unfruchtbares Gespräch. Das Paar sollte sich regelmäßig im Abstand von ungefähr acht Wochen zusammensetzen, um Gedanken und Gefühle über Ereignisse der vergangenen Zeit auszutauschen und partnerschaftsrelevante Aktivitäten in der kommenden Zeit zu planen. Das Paar sollte dazu angeregt werden, sich immer wieder Inseln im Alltag miteinander zu schaffen, in denen sich die Partner gegenseitig verwöhnen und das gemeinsame Beziehungskonto (▶ Kap. 3.2.2) wieder auffüllen.

4.2 Ressourcenorientiertes Interview

Ergänzend kann das *Paar-Interview zur Beziehungsgeschichte* (PIB; Schindler et al. 2019) durchgeführt werden. Das PIB wird mit beiden Partnern geführt und dauert zwischen 45 und 90 Minuten. Das PIB ist von großem klinischen Wert, da es zum einen in komprimierter Form wesentliche Hintergrundinformationen (u. a. zur Beziehungsgeschichte und -entwicklung) liefert, zum anderen steigert es oft die Therapiemotivation: Die Partner nehmen im Allgemeinen gerne an dem Interview teil, da häufig positive Aspekte der Beziehung angesprochen werden, während in der Anfangsphase der Therapie zumeist negative Bereiche im Vordergrund stehen.

5 Kernelemente der Therapie

Das paartherapeutische Setting stellt besondere Anforderungen an den Therapeuten, aber auch an die Paare (▶ Kap. 8). Eine Vielzahl der Paare kommt bspw. therapie- aber nicht veränderungsmotiviert zum Erstgespräch. Andere hingegen richten unrealistische Erwartungen an eine Behandlung und ihre Partner. Wieder andere Paare sind durch wiederkehrende oder anhaltende Konflikte im Alltag oder schwere und/oder chronische Erkrankungen eines Partners bzw. Familienmitgliedes belastet.

5.1 Standardinterventionen

In den nachfolgenden Kapiteln sollen verschiedene Standardinterventionen der KVPT vorgestellt werden, die als grundlegende Methoden verstanden und für eine Vielzahl von Anliegen genutzt werden können.

5.1.1 Motivationsfördernde Interventionen

Steigerung der Veränderungsmotivation. Insbesondere bei resignierten oder verbitterten Partnern ist es wichtig, bereits zu Beginn der Behandlung die Veränderungsmotivation explizit zu prüfen. Dazu sollte auf die Nebenwirkungen einer Behandlung (z. B. emotionale Belastung, erfolgsoffener Prozess) aufmerksam gemacht werden.

> **Hilfreiche Fragen zur Steigerung der Veränderungsmotivation**
>
> - »Warum kommen Sie gerade jetzt? Warum hat die Therapie keine Zeit mehr?«
> - »Wer von Ihnen beiden hält es schlechter, wer besser aus, wenn keine Therapie zustande kommt?«
> - »Wieviel Zeit geben Sie sich und ihrem Partner? Wie viel Zeit geben Sie der Therapie?«
> - »Wann wäre ein guter Zeitpunkt, die Therapie zu beenden?«
> - »Wer von Ihnen würde am ehesten aufhören, wenn die Therapie zu keinem gewünschten Resultat führt?«

Zudem kann eine Liste mit Gründen für bzw. gegen die Aufrechterhaltung der Partnerschaft erarbeitet werden (▶ Kap. 4.1.4, *Bilanzierung*), die zu Hause mit individuellen Gewichtungen und Abwägungen versehen wird.

Bei Aufnahme der Behandlung sollte anfänglich eine höhere Sitzungsfrequenz über einen kürzeren Zeitraum bis zu einer angekündigten Bilanz (z. B. nach sechs Wochen) vereinbart werden. Überlegungen (oder gar Drohungen) hinsichtlich einer Trennung sollten in dieser Zeit nicht ausgetauscht werden.

Für einen Veränderungsprozess bedarf es im weiteren Verlauf einer gemeinsam verbrachten Zeit in der Woche und eine möglicherweise befristete, aber angemessen lange Veränderungsphase. In Kuchendiagrammen können die Lebensbereiche (z. B. Beruf, Hobbys, Freizeit mit Freunden, Kindern, Partner allein) hinsichtlich zeitlichen Anspruchs und individueller Bedeutung von jedem Partner dargestellt und gewichtet werden. Im Einzelfall wird durch diese Intervention dem Paar verdeutlicht, dass für die Partnerschaft oder gar eine Paartherapie keine Zeit ist bzw. in Relation zu anderen Lebensbereichen die Partnerschaft untergeordnet ist. Von Patienten aufgebauter Zeitdruck sollte mit einem Hinweis auf eine ausführliche Analyse der partnerschaftlichen bzw. familiären Situation begegnet werden, die Grundlage für eine erfolgreiche Intervention ist.

Umgang mit unrealistischen Erwartungen. Auch sich widersprechende oder unrealistische Aufträge der Partner müssen explizit abgelehnt werden.

Ein Patient teilte bei der Zielerklärung im Rahmen einer Paartherapie mit, dass er durch den Einbezug seiner Ehefrau in die Individualtherapie erreichen wollte, dass diese bei den von ihm erwünschten sadomasochistischen Sexualpraktiken sexuell erregt werden solle. Seine Ehefrau reagierte später mit offensichtlichem Ekel auf seine Vorstellungen.

Bei einem anderen Paar äußerten die Partner zwar zunächst gleiche Anliegen, jedoch stellten sich in der weiteren Exploration Schmerzen und Ekel während der Sexualpraktiken heraus. Außerdem wies der selbstunsichere Persönlichkeitsstil des Ehemannes auf ein Kompetenzdefizit hin, eigene Bedürfnisse wahrzunehmen und angemessen zu äußern bzw. Wünsche der Partnerin abzulehnen.

In beiden Fällen wurde die genannte Zielsetzung abgelehnt, da das Wohlbefinden beider Personen gleichermaßen zu berücksichtigen ist und der Erfolg therapeutischer Techniken – realistisch eingeschätzt – nicht zum genannten Ziel führen kann. Die Erweiterung des kommunikativen und sexuellen Verhaltensrepertoires wurde als vorläufiges Ziel akzeptiert.

5.1.2 Aufbau von positiver Reziprozität

Inbesondere die nachfolgenden Kapitel zum Reziprozitäts-, Kommunikations- und Problemlösetraining beschreiben die klassischen Standardinterventionen der verhaltenstherapeutischen Paartherapie (▶ Kap. 1), die auch als Grundlage für die später entwickelten Interventionen verstanden werden können. Die Ausführungen in diesen drei Kapiteln basieren im Wesentlichen auf dem Manual »Ein partnerschaftliches Lernprogramm« von Thurmaier et al. (2015), einem Manual zur Durchführung verhaltenstherapeutischer Paartherapie (Schindler et al. 2019) sowie dem zugehörigen Selbsthilfebuch für Paare (Schindler et al. 2020), sodass insgesamt auf weitere Quellenangaben verzichtet wird.

Jedes Paar, das noch Interesse an einem Zusammenleben hat, verfügt über einen Rest an positivem Austausch. Die Wahrnehmung beider Partner sollte für diese vorhandenen Ressourcen bereits während der Interviews in der Diagnostikphase, gezielt jedoch im Anschluss daran, durch Übungen während der und zwischen den Therapiesitzung(en) sensibilisiert werden.

Den anderen dabei erwischen, wie er mir etwas Gutes tut. Die Partner sollen sich zwischen zwei Therapiesitzungen an jeweils einem Tag beobachten und aufschreiben, welche Verhaltensweisen des anderen ihnen guttun. Wichtig dabei sind affektive Reaktionen (z. B. beim Streicheln, Anlächeln, Loben); instrumentelle Verhaltensweisen (z. B. etwas Gutes kochen, einkaufen gehen, staubsaugen) sollten nicht überwiegen. In den nachfolgenden Sitzungen berichten die Partner über ihre Vorlieben. Schindler et al. (2019) schlagen in der Ursprungsform dieser Übung vor, dass beide Partner zunächst voneinander wissen, welchen Tag sich der jeweils andere für die »Erwischübung« ausgewählt hat. Zu Beginn der Behandlung soll so gewährleistet werden, dass die Verhaltensweisen unter der Kontrolle des Paares sind und anhand der Übung der positive Effekt auf die partnerschaftliche Zufriedenheit entdeckt werden kann. Diese Aufgabe sollte mehrmals vom Therapeuten aufgegeben und immer in der Folgesitzung ausgewertet werden. Im weiteren Verlauf der Behandlung kann diese Übung in regelmäßigen Abständen fortgesetzt werden, ohne dass die Partner voneinander wissen, welchen Tag der andere zur Beobachtung ausgewählt hat. Dabei lernt das Paar u. a. den Zusammenhang zwischen Verhalten und Stimmung/Zufriedenheit bzw. die partnerschaftsrelevante Bedeutung von Annahmen und Erwartungen.

Schatztruhe. Um die Partner auf weitere Ideen zu bringen und insbesondere emotional bedeutsame Verstärker bzw. Verhalten mit hoher Verstärkerqualität (Verhalten mit Mühe bzw. Belastung für den Durchführenden) im Alltag zu etablieren, kann die »Schatztruhe« eingeführt werden: Anregungen (z. B. wertgeschätzte Verhaltensweisen, Wünsche) sollen dem Partner auf Karteikarten geschrieben und in einem Kästchen gesammelt werden. Durch diese gegenseitigen Anregungen wird der Austausch von Verstärkern weiter gefördert. Allerdings sollten keine Grenzüberschreitungen verlangt bzw. Tabubrüche angeregt oder erwartet werden.

Verwöhnungstage/Inseln im Alltag. Die Anzahl und Intensität der Verstärker kann an einem »Verwöhnungstag« bzw. den »Inseln im Alltag« besonders gesteigert werden: Jeder Partner wählt einen Tag oder Abend aus, an dem er den anderen verwöhnen will und ihm besondere Zuneigung und Aufmerksamkeit entgegenbringt. Dieser (Halb-)Tag sollte gut geplant und fest vereinbart sein, sodass eine Kette positiver Verstärker aufgebaut und eine positive Stimmungsinduktion gelingen kann.

Jeweils zu Beginn jeder Sitzung berichten die Partner über ihre Beobachtungen, Gedanken und Gefühle sowie den Verlauf der Übungen. Hieran können sich ein Austausch über (dysfunktionale bzw. unrealistische) Erwartungen und ggf. Enttäuschungen bzw. Kränkungen sowie Techniken der kognitiven Umstrukturierung anschließen (▶ Kap. 5.1.5). Sind derartige Hindernisse aufgetreten, sollte dieselbe Übung erneut aufgegeben werden.

5.1.3 Kommunikationstraining

Das Kommunikationstraining ist ein zentraler Teil der Gesamtbehandlung, sei es im Rahmen einer Paar- oder Familientherapie. Ausreichende Gesprächsfertigkeiten der Partner sind Voraussetzung für den Aufbau eines effektiven interpersonalen Problemlöseverhaltens. Entsprechend schließt sich die Paartherapie in der Regel an das Kommunikations- und Problemlösetraining an.

Das Kommunikationstraining umfasst etwa vier bis fünf Sitzungen, die meist im wöchentlichen Abstand erfolgen und von einem Therapeuten oder von zwei Ko-Therapeuten geleitet werden. Es kann zur Motivationssteigerung der Partner günstig sein, zwei Sitzungen an einem Tag hintereinander abzuhalten, um das Training zeitlich nicht zu sehr auszudehnen. Mit wenigen Abweichungen kann das dargestellte Vorgehen auch in der verhaltenstherapeutischen Familientherapie, z. B. bei bipolarer Störung und Schizophrenie, sowie zur Prävention von Beziehungsstörungen eingesetzt werden. Die Partner sollen in die Lage versetzt werden, im Gespräch und – vor allem – bei der Diskussion eines Konfliktthemas:

- Ihre Ansichten, Wünsche, Bedürfnisse und Gefühle konkret, eindeutig und in einer für den Empfänger annehmbaren Form zu äußern (Sprecherfertigkeiten) und
- die Gefühle, Bedürfnisse, Wünsche und Ansichten ihres Gegenübers möglichst genau zu erfassen und zurückzumelden (Zuhörerfertigkeiten).

Ablauf des Kommunikationstrainings. Dem Kommunikationstraining geht in der KVPT üblicherweise eine Diagnostikphase voraus, in der eine therapeutische Beziehung mit beiden Partnern aufgebaut wird, die wesentlichen Problembereiche der Beziehung analysiert und die Therapieziele bestimmt werden. Anschließend werden mit dem Paar ein Rational für das Einüben von Kommunikationsfertigkeiten und der konkrete Ablauf des Kommunikationstrainings besprochen.

Postkartenübung als Einstieg

Die Postkartenübung ist eine der ersten Interventionen aus dem bereits erwähnten EPL-Training, die darauf abzielt, dem Paar die Hürden und Herausforderungen der eindeutigen Kommunikation zu verdeutlichen und bzgl. der Bedeutsamkeit des eigenen Referenzrahmens bzw. im Hintergrund ablaufenden »Films« zu sensibilisieren.

Das Paar wird dazu aufgefordert, sich Rücken an Rücken auf zwei Stühle zu setzen. Partner A erhält vom Therapeuten die Instruktion, Partner B ein Bild auf einer Kunstpostkarte zu beschreiben. Sollte Partner A den Künstler mit Namen kennen, soll er diesen nicht mitteilen. Es geht darum, dass impressionistische Motiv auf der Karte möglichst gut und detailliert zu beschreiben. Partner B erhält die Aufgabe, lediglich zu zuhören, nicht nachzufragen und keine weiteren Rückmeldungen zu geben. Nach 2–3 Minuten soll Partner A die Karte aufdecken und Partner B unmittelbar seine Eindrücke beschreiben.

Der Therapeut sollte hierbei im gemeinsamen Gespräch die Unterschiede zwischen dem Vorstellungsbild von Partner B (vgl. der individuelle Referenzrahmen, der eigene »Film« beeinflusst durch Erfahrungen aus der bisherigen Lebensgeschichte) und dem tatsächlichen Motiv hervorheben (z. B. Stimmung, Farben, Größenverhältnisse, Details) und anschließend zum Rational des Kommunikationstrainings überleiten.

Vermittlung des Rationals. Zur Erarbeitung von Kommunikationsregeln wird dem Paar eine Eskalation dargestellt, die möglichst viele negative Verhaltensweisen beinhaltet. Dies erfolgt entweder anhand einer Videoaufnahme eines sich streitenden Paares oder eines Rollenspiels mit dem (Ko-)Therapeuten. Auch lässt sich eine interaktive DVD einsetzen, die vier Ausgangsituationen mit jeweils drei möglichen Verläufen beinhaltet und zur Demonstration der partnerschaftlichen Kommunikation und dessen Auswirkungen geeignet ist. Inzwischen sind DVDs mit Paaren im jüngeren, mittleren und höheren Lebensalter erschienen (Engl und Thurmaier 2007, 2010, 2012).

Ungünstiges Kommunikationsverhalten des Sprechers (z. B. Kritik, Verallgemeinerungen, Eigenschaftsunterstellungen, Themenwechsel) und des Zuhörers (z. B. mangelnder Blickkontakt, Abwendung, mangelndes Eingehen auf den Sprecher) sollen vom Paar konkret benannt und ggf. vom Therapeuten ergänzt werden. Anschließend werden mit dem Paar die unten beschriebenen erwünschten Sprecher- und Zuhörerfertigkeiten abgeleitet. Das Ergebnis hält der Therapeut in Form von Sprecher- und Zuhörerregeln fest, die zusammenfassend schriftlich an die Partner ausgeteilt werden. Diese Regeln sind Grundlage für alle folgenden praktischen Übungen des Paares.

Training der Kommunikation. Der Hauptteil des Kommunikationstrainings besteht aus einer Serie von Gesprächsübungen der Partner unter Anleitung des Therapeuten zur Aneignung der Sprecher- und Zuhörerfertigkeiten. Um dem Paar die Aneignung der Fertigkeit zu erleichtern, steigt der Schwierigkeitsgrad von Übung zu Übung. Zuerst übt das Paar an positiven Themen und unter starken Strukturvorgaben. Es folgen Übungen zu negativen Themen, jedoch noch nicht eigenen Konfliktthemen, unter sukzessiver Verminderung vorgegebener Strukturen.

> **Cave**
>
> Vorsicht bei Situationen im Zusammenhang mit Kindern oder Herkunftsfamilie. Hierbei handelt es sich häufig um versteckte Konfliktthemen.

Schließlich wendet das Paar die gelernten Fertigkeiten auf eigene Problembereiche sowie ohne Hilfestellung des Therapeuten an. Um einen Trainingseffekt zu erzielen, sollte das Training und die Anwendung auf ein partnerschaftsrelevantes mittelschweres Thema in einer zeitlich längeren Sitzung durchgeführt werden (ggf. kleine Pause bei drei Zeitstunden einplanen). Anschließend werden die Paaren gebeten, die Sprecher- und Zuhörerfertigkeiten anhand einfacher Themen zu Hause zu üben (auf 30 Minuten begrenzt, mind. zweimal pro Woche).

> **Sprecherfertigkeiten**
>
> *Ich-Gebrauch und Selbstöffnung*
> Jeder Partner soll von seinen eigenen Gedanken, Gefühlen, Bedürfnissen und Wünschen sprechen. Die Wahrscheinlichkeit einer Selbstöffnung wird durch den Ich-Gebrauch erhöht. Dem Zuhörer hingegen wird es ermöglicht, die Situation aus der Perspektive seines Partners nachzuvollziehen und sie als dessen Wahrnehmung anzuerkennen. Vorwürfe und Anklagen (sog. Du-Sätze, z.B.: »Du beachtest mich nicht. Du interessierst dich doch überhaupt nicht für mich.«) sollen vermieden werden. Sie sind häufig Ausgangspunkt von negativen Eskalationen, da sie den Zuhörer zu Gegenangriffen, Widerspruch, Verteidigung oder Rückzug herausfordern. Auch das negative Gedankenlesen, mit dem der Sprecher unerwünschte Reaktionen des Partners bereits vorwegnimmt (z.B. »Ich würde ja Vorschläge fürs Wochenende machen, aber Du gehst ja sowieso auf nichts ein.«), wird umgangen.

Konkrete Situationen
Die Partner sollen lernen, ihre Mitteilungen an den Zuhörer anhand einer konkreten Situation zu beschreiben. Verallgemeinernde Aussagen (z. B. die Nutzung von »immer«, »nie«) rufen beim Zuhörer meist Widerspruch hervor, da sich in der Regel zumindest ein Gegenbeispiel finden lässt, das dann das Gespräch in eine andere Richtung lenkt. Über konkrete Situationen und Anlässe lässt sich dagegen viel besser ein Konsens finden.

Konkretes Verhalten
Der Sprecher soll sich nicht nur auf eine konkrete Situation beziehen, sondern auch das Verhalten des Partners so konkret wie möglich beschreiben. Wird dies außer Acht gelassen, so werden mehr oder weniger Persönlichkeitseigenschaften unterstellt. Verallgemeinerungen und Eigenschaftsunterstellungen sind Kritik verschärfende Kommunikationsstrategien und führen zu den beschriebenen destruktiven Reaktionen wie Gegenangriff, Widerspruch und Rückzug. Je konkreter die Beschreibung des Sprechers ausfällt, desto eher hat der Zuhörer die Möglichkeit, die Beschreibung anzunehmen. Konkrete Beschreibungen lassen zudem viel eher die Entwicklung von Alternativen zu und können damit schon ein erster Schritt zur Problemlösung sein.

Beim Thema bleiben
Die Partner sollen vom Hier und Jetzt sprechen. Es geht nicht darum, alte Wäsche zu waschen, sondern die Gegenwart und Zukunft zu verändern. Lange zurückliegende Ereignisse können auch kaum noch konkret beschrieben werden. Deshalb besteht bei Rückgriffen auf die Vergangenheit eine besondere Gefahr, vom eigentlichen Thema abzukommen.

Zuhörerfertigkeiten

Aufnehmendes Zuhören
Der Zuhörer sollte dem Sprecher kontingent durch non- und paraverbales Verhalten sein Interesse und seine Aufmerksamkeit signali-

sieren. Dies kann er durch Gesten wie Nicken, durch eine zugewandte Körperhaltung, durch Blickkontakt und durch kurze Einwürfe, wie »mhm«, »aha«, zeigen. Auch durch gelegentliche direkte Ermutigungen wie: »Wie meinst Du das?« kann er den Sprecher veranlassen, weiter zu sprechen.

Zusammenfassen
Die Partner sollen lernen, als Zuhörer die Äußerungen des Sprechers noch einmal zusammenzufassen. Damit muss der Zuhörer vorher seine Aufmerksamkeit stark auf den Sprecher lenken und seinen inneren Dialog unterbrechen. Die anschließende Zusammenfassung signalisiert dem Sprecher erneut die Aufmerksamkeit und Wertschätzung des Zuhörers. Beide erhalten die Möglichkeit festzustellen, inwieweit der Zuhörer den Sprecher richtig verstanden hat. Dabei kommt es besonders darauf an, die Gefühle und Wünsche des Partners nachzuvollziehen und zurückzumelden. Mit dieser Strategie wird ein aneinander Vorbeireden, ein Bagatellisieren oder Verniedlichen der Probleme und Gefühle des Sprechers verhindert. Zurückmelden bedeutet dabei nicht, dass der Zuhörer dem Sprecher zustimmt!

Offene Fragen
Wenn der Zuhörer im Laufe der Ausführungen des Sprechers den Eindruck gewinnt, dass er ihn nicht richtig versteht oder der Sprecher seine Gefühle, Wünsche und Ansichten nur indirekt äußert, so sollte er gezielt nach dessen Gefühlen fragen bzw. ein Angebot mit mehreren Gefühlen machen. Eine offene Frage des Zuhörers (z. B.: »Was/wie empfindest Du?«) erlaubt es dem Sprecher, sein individuelles Gefühl zu äußern; ein Angebot von mehreren Gefühlen lässt ihm die Wahl (z. B.: »Warst Du traurig? Oder wütend?«).

Positive Rückmeldung
Die Partner sollten sich nicht davor scheuen, den Sprecher für offene und verständliche Äußerungen zu loben. Selbstöffnung ist allgemein für viele Personen ein schwerer und ungewohnter Schritt; in einer

bereits gestörten Partnerschaft ist er noch einmal größer. Neben der Chance auf eine bessere partnerschaftliche Verständigung birgt die Selbstöffnung für viele Menschen eine Gefahr: Die eigenen verletzbaren Seiten preiszugeben und klar Verantwortung für seine Wünsche und Ansichten zu übernehmen, kann auch zu einer Ablehnung durch den Partner führen. Um ein solch ungewohntes und mit Angst besetztes Verhalten zu etablieren und zu festigen, ist eine unmittelbare positive Verstärkung durch den Partner wichtig.

Rückmeldung des eigenen Gefühls
Wenn die Äußerungen des Sprechers den Zuhörer gefühlsmäßig so stark berühren, dass er nicht unmittelbar akzeptierend darauf eingehen kann – ihn bspw. sehr wütend machen oder enttäuschen – so sollte er sein Gefühl direkt zurückmelden. In diesem Fall ist es ihm also gestattet, ohne vorherige Zusammenfassung in die Sprecherrolle zu wechseln, um seinem Gefühl Ausdruck zu geben. Danach sollte er zum Zusammenfassen zurückkehren, um abzusichern, ob er den Sprecher auch richtig verstanden hat.

Therapeutenverhalten. Die Aufgabe des Therapeuten während des Kommunikationstrainings und der darin enthaltenden Gesprächsübungen ist die Überwachung und Förderung zur Einhaltung der Kommunikationsregeln. Er nimmt auf keinen Fall inhaltlich Stellung zum Gespräch des Paares, entscheidet also nicht, wer Recht oder Unrecht hat, sondern achtet nur darauf, ob die Partner sich an die Gesprächsregeln halten.

Zur Einübung der Kommunikationsregeln und des sozial angemessenen Verhaltens in Rollenspielen stehen dem Therapeuten folgende Interventionsmöglichkeiten zur Verfügung:

Kontingente Verstärkung

Der Therapeut gibt unmittelbar und ohne den Gesprächsverlauf zu stören durch kurze verbale und paraverbale Einwürfe (z. B. »gut«,

»ja«) und Gesten (z. B. Nicken) positive Rückmeldung für die Umsetzung der Regeln an die Partner.

Soufflieren

Während des gesamten Gespräches und insbesondere bei Vorwürfen und Stockungen schlägt der Therapeut den Partnern mit leiser Stimme Handlungsalternativen vor. Er kann direkt auf die Regeln hinweisen (*Prompting*, z. B.: »Jetzt zusammenfassen«, »Ich-Gebrauch«, »Vereinbartes Ziel«), Satzanfänge als Hilfestellung vorgeben (z. B.: »Und dabei fühle ich mich...«, »Das eben macht mich...«), eine Auswahl an möglichen Formulierungen anbieten (z. B.: »Ich bin verletzt, traurig, enttäuscht...«, »Ich möchte, kann oder ich wünsche mir...«) oder auf die Aufrechterhaltung des Blickkontaktes bzw. der positiven Mimik und Gestik sowie einen Wechsel von Sprecher- und Zuhörerrolle hinweisen. Diese Einzelhandlungen des Therapeuten dienen dem Herausformen (*Shaping*) neuer, konstruktiver Zuhörer- bzw. Sprecherfertigkeiten.

Neubeginn

Wenn ein Gespräch gerade erst begonnen hat und die Partner schnell in alte Gewohnheiten abgleiten, unterbricht der Therapeut und verstärkt, soweit wie möglich, angemessenes Verhalten. Danach weist er auf die erarbeiteten Regeln hin und gibt konkrete Instruktionen für einen erneuten Beginn. Wenn ein Partner große Schwierigkeiten hat, angemessen zu beginnen, kann der Therapeut auch modellhaft den Gesprächsanfang vorspielen.

Beispiel aus dem Kommunikationstraining:
»Wie Sie sich Ihrem Partner zugewandt und angeschaut haben, war gut. Fangen Sie mit einem *Ich*-Satz an und beginnen Sie damit, von sich und ihren Gefühlen zu sprechen. Beispielsweise könnten Sie sagen: »Wenn ich an gestern Abend denke, dann fühle ich mich...«.

5.1 Standardinterventionen

> **Schnitt**
>
> Wenn das Gespräch bereits weiter fortgeschritten ist und ein Eingriff notwendig erscheint, hält der Therapeut das Gespräch an und verstärkt beide Partner zuerst für die eingesetzten Fertigkeiten und die Regelanwendungen. Danach gibt er die Instruktion für das weitere Vorgehen und spielt eventuell alternative Vorgehensweisen modellhaft vor.
>
> **Feedback am Gesprächs- und Rollenspielabschluss**
>
> Am Ende jedes Paargespräches gibt der Therapeut beiden Partnern eine kurze, aber individuelle positive Rückmeldung. Er verstärkt geglückte Einhaltungen der Regeln, indem er konkret darauf aufmerksam macht und noch einmal Beispiele aus dem Gespräch heranzieht. Notizen des Therapeuten während des Gespräches erweisen sich hier als besonders nützlich. Mängel werden als Verbesserungsvorschläge formuliert.
>
> *Beispiel aus einem Rollenspiel:*
> »Sie haben sehr gut ihren Wunsch geäußert, häufiger ausgehen zu wollen, und ihn trotz Widerspruchs ihres Partners wiederholt. Hilfreich wäre es nun, wenn Sie ihren Partner dabei auch anschauen und ihm beschreiben, was Sie konkret mit ihm erleben möchten«.

In Folgesitzungen werden jeweils ein bis zwei selbstgewählte Themen des Paares unter Anwendung der Fertigkeiten bearbeitet, die zu häufigen Auseinandersetzungen und Grübelexzessen führen und der systematischen Problemlösung zugeführt werden müssen, wenn langfristig eine Partnerschaftszufriedenheit stabil wiederhergestellt werden soll. Konflikthafte bzw. stark belastende Themen werden also mit dem Therapeuten unter Anwendung der Sprecher- und Zuhörerfertigkeiten bearbeitet. Der Austausch von Gedanken, Gefühlen und Bedürfnissen endet mit dem Ausdruck eines Wunsches des Sprechers, der für beide sichtbar verschriftlicht wird. Haben beide Partner in der Sprecherrolle einen abschließenden Wunsch geäußert, ist der Übergang zum Problemlöseprozess im Rahmen des Problemlösetrainings geschaffen. Verbunden mit dem Austausch steigt bei den meisten Paaren das empathische Verstehen des Erlebens und der unterschiedlichen Sichtweisen, sodass eine höhere Bereitschaft für eine effektive Problemlösung, ggf. mit Kompromissen, steigt.

Weniger belastende partnerschaftsrelevante Themen sollten das Paar selbstständig mithilfe der Regeln zu festgelegten Zeiten zuhause besprechen. Ziel ist es, dass die jeweiligen Personen lernen, nach kritischen Situationen im Alltag den Bedarf eines ungestörten Gespräches zeitnah anzusprechen, einen Zeitpunkt zu vereinbaren und sich mithilfe der gelernten Fertigkeiten über Gedanken und Gefühle auszutauschen. Dieser Austausch ist regelmäßig, dauerhaft und prospektiv erwünscht: Nach der Paartherapie sollten die Paare befähigt sein, sich mit Blick auf vergangene und zukunftsrelevante Themen (z. B. einmal im Monat) auszutauschen und dabei die Regeln, ggf. anhand von Karteikarten, zu beachten. Einige Paare konnten sich zehn Jahre nach der Teilnahme am EPL an die Rollenaufteilung von Sprecher und Zuhörer bzw. das Zusammenfassen des Zuhörers gut erinnern (Hahlweg und Richter 2010).

5.1.4 Problemlösetraining

Das Problemlösen wird dem gesamten Behandlungsprozess zugrunde gelegt und dient dem Therapeuten zur Orientierung in der Therapieplanung (z. B. Kanfer et al. 2012; Schulte 1996). Damit das Paar den Prozess des Problemlösens erlernt, kann das Problemlösen aber auch als Interventionsmethode eingesetzt werden. In diesem Sinne wurde das Problemlösen von D'Zurilla und Goldfried (1971) in die Klinische Psychologie eingeführt und soll im Folgenden beschrieben werden. Auch diese Standardintervention ist Teil einer Paar- und Familientherapie.

Vorbereitung des Problemlösetrainings. Üblicherweise geht dem Problemlösetraining eine Problemanalyse oder ein Kommunikationstraining voraus. Dafür müssen folgende Bedingungen erfüllt sein:

- Die Partner müssen mit der Unterstützung des Therapeuten in der Lage sein, Wünsche und Erwartungen zu konkretisieren, da dies die

Voraussetzung für die Entwicklung und Umsetzung von Lösungsschritten ist.
- Die Veränderungswünsche und Ziele der Partner sollten realistisch sein.
- Je besser es gelungen ist, Gedanken und Gefühle über das partnerschaftsrelevante, konflikthafte Thema auszutauschen, d. h. je größer das Verständnis für die Perspektive des anderen ist, umso eher werden sich die Partner auf Vorschläge des anderen einlassen und Kompromisse finden.

Struktur des Problemlöseprozesses. Der Prozess des Problemlösens wird in eine Serie aufeinander aufbauender Schritte zerlegt, die im Training sukzessiv und bei Bedarf rekursiv anhand der aktuellen Problembeispiele des Paares durchgearbeitet werden.

> Schritte des Problemlöseprozesses
>
> 1. Problem- und Zieldefinition
> 2. Entwicklung von Lösungsmöglichkeiten
> 3. Bewertung von Lösungsmöglichkeiten
> 4. Entscheidung über die beste(n) Lösungsmöglichkeit(en)
> 5. Planung der Umsetzung der Lösungsmöglichkeit(en)
> 6. Rückblick und Bewertung der Lösungsmöglichkeit(en)

Während des Trainings sollte das jeweilige Ergebnis des Problemlöseprozesses schriftlich festgehalten werden.

1. Problem- und Zieldefinition. Für einen konstruktiv verlaufenden Problemlöseprozess ist der vorhergehende Austausch von Gedanken und Gefühlen günstig. Bereits in der diagnostischen Phase kann es notwendig werden, eine Problemlösung kurzfristig zu initiieren. Das Paar sollte das Problem nicht-wertend beschreiben können und konkretisieren. Zuerst sollte an einem (Teil-)Problem gearbeitet werden, das eine schnelle und höchstwahrscheinlich erfolgreiche Lösung verspricht. Ein solches Vorgehen ist geeignet, um Paaren baldmöglichst ein erstes Erfolgserlebnis im Alltag zu vermitteln und dadurch die Therapiemotivation zu steigern.

5 Kernelemente der Therapie

> Das Problem *Schwierigkeiten in der Erziehung* kann z. B. aus folgenden Teilproblemen bestehen:
>
> - Der Ehemann kann erst abends am Vortag wissen, ob er das gemeinsame Kind in den Kindergarten bringen kann.
> - Die gemeinsame Spielzeit ist dem Ehemann zu kurz.
> - Die Ehefrau möchte sich mehr mit Freundinnen zum Sport verabreden.
> - Die Ehefrau sorgt sich um die motorische Entwicklung, findet aber kein ausreichendes Gehör.

Das Problemlösetraining schließt sich meistens dem Kommunikationstraining an. Wurde mehrfach die Sprecher- und Zuhörerrolle gewechselt, endet der wechselseitige Austausch von Gedanken und Gefühlen im Rahmen des Kommunikationstrainings mit dem Ausdruck des Wunsches bzw. Bedürfnisses (»Was brauchst Du von mir? Was wünscht Du Dir?«). Je mehr das Verständnis während dieses Prozesses füreinander gewachsen ist, umso eher werden die Partner im Folgenden faire Kompromisse schließen und die vereinbarten Problemlösungen umsetzen. Der Therapeut sollte die Wünsche und Bedürfnisse – wie das Problem selbst – in realistische, konkrete und verhaltensnahe Ziele formulieren und sichtbar festhalten.

Mit der Entwicklung der Problem- und Zieldefinition werden der problematische Ist-Zustand, der gewünschte Soll-Zustand und die Aspekte, die zur Differenz zwischen beiden beitragen deutlicher. En passant werden sowohl bestehende Defizite während des Problemlöseprozesses als auch beitragende Faktoren der Umwelt klarer. Je nach Komplexität des Problems sowie individueller Fertigkeiten der jeweiligen Partner kann dieser erste Schritt erhebliche Zeit in Anspruch nehmen.

2. Entwicklung von Lösungsmöglichkeiten. Anschließend soll das Paar mit therapeutischer Hilfestellung Schritte entwickeln, die geeignet sind, den Ist- in den Soll-Zustand zu überführen. Dabei können Methoden angewendet werden, die Kreativität anregen und geeignet sind, eine Vielzahl von möglichen Lösungen zu generieren. Neue, ungewöhnliche und sogar absurd erscheinende Möglichkeiten sind besonders erwünscht, damit das Paar nicht an seinen alten, zumeist eng umrissenen und gescheiterten Lösungsansätzen haften bleibt. Alle Ideen werden schriftlich festgehalten. Im Rahmen dieser Technik fungiert der Therapeut als Modell. Er kann erste – aber nicht zu perfekte Ideen – liefern, wenn dem Paar nichts einfällt und extreme Varianten einwerfen, wenn das Paar sehr konventionell bleibt. Damit lassen sich Perspektiven initiieren, die helfen, selbständige Lösungen zu entwickeln. Sämtliche Tendenzen einer Kritik und Bewertung der Ideen sollte der Therapeut unterbinden.

> Für das zweite und dritte Teilproblem werden folgende Ziele angestrebt:
>
> - Mittwochs und freitags wird eine Spielzeit von mind. 45 min vereinbart. In dieser Zeit darf die Ehefrau nicht anwesend sein
> - Sie hat Zeit für sich und kann mit Freundinnen ggf. Sport machen

3. Bewertung der Lösungsmöglichkeiten. Erst im dritten Schritt erfolgt eine Bewertung der gesammelten Lösungsmöglichkeiten. Für jede der entwickelten Lösungen werden systematisch die Vor- und Nachteile sowie die voraussichtlichen Folgen der Lösung diskutiert und in zwei Spalten protokolliert: In der ersten Spalte werden die Vorteile einer Lösung aufgelistet, in der zweiten Spalte werden ihnen die Nachteile gegenübergestellt, sodass sie übersichtlich und leicht vergleichbar dargestellt sind. Anschließend werden die Vor- und Nachteile bzw. Konsequenzen gemäß ihrer subjektiven Bedeutung und Wichtigkeit mit Punktwerten oder Plus- und Minuszeichen versehen und die Wahrscheinlichkeit ihres Eintretens eingeschätzt.

In diesem Schritt ist es wichtig, dass der Therapeut zu einer angemessenen Vollständigkeit anleitet. Das Paar sollte nicht nur die negativen Aspekte der verschiedenen Lösungen beachten und eine Lösung schon beim ersten Nachteil verwerfen, sondern sich alle Pro- und Kontra-Argumente verdeutlichen.

4. *Entscheidung über die beste(n) Lösungsmöglichkeit(en).* Auf der Basis der systematischen Bewertung aller Lösungsmöglichkeiten erfolgt in diesem Schritt die Auswahl der besten Lösungsmöglichkeit oder einer Kombination aus den besten Lösungen. Das Paar wird angeleitet, die Lösungsmöglichkeit(en) auszuwählen, die den größten Gewinn in dem Sinne versprechen, dass die Wahrscheinlichkeit positiver Konsequenzen maximiert und die Wahrscheinlichkeit negativer Konsequenzen minimiert wird.

5. *Planung und Umsetzung der Lösungsmöglichkeit(en).* Anschließend sollte das Paar die Lösung(-skombination) in konkrete Einzelschritte zerlegen bzw. zumindest soweit in eine sinnvolle, umsetzbare Abfolge bringen, sodass erste Schritte in der Realität umgesetzt werden können. Zur Verdeutlichung der durchzuführenden Verhaltensschritte können auch die Fragen wie »Was ist zu tun?«, »Womit, mit wem, wann und wie oft?«, »Welche Vorbereitungen müssen getroffen werden?« helfen. Das Paar sollte mögliche Hindernisse und wahrscheinliche Umsetzungsschwierigkeiten vorhersehen und Schritte erarbeiten, um diese zu umgehen oder zu bewältigen. Ergebnis dieser Arbeit ist ein schriftlicher Handlungsplan, dessen Umsetzung das Paar als Hausaufgabe aus der Sitzung mitnimmt. Diese Umsetzung kann wiederum durch ein Tagebuch begleitet werden.

6. *Rückblick und Bewertung der Lösungsmöglichkeit(en).* In der nächsten Sitzung exploriert der Therapeut detailliert die Umsetzung der Hausaufgabe, bspw. anhand der Tagebuchaufzeichnungen und schärft damit gleichzeitig die Wahrnehmung der Partner bezüglich ihrer Handlungskompetenzen. Der Therapeut achtet darauf, jeden Umsetzungsversuch zu verstärken, auch wenn das Ergebnis noch enttäuschend war. War die Umsetzung des vereinbarten Schrittes erfolgreich, so sollte der Therapeut die positiven Konsequenzen herausstreichen (z. B. teilweise oder vollständige Zielerreichung, dyadisches Coping, partnerschaftliche Zusammenarbeit). Danach erfolgt die Planung weiterer Lösungsschritte sowie ihre Umsetzung in weiteren Hausaufgaben. Auch Misserfolge sind eine wichtige Informationsquelle für das weitere Vorgehen im Problemlöseprozess. Bei einem teilweisen oder völligen Misserfolg sollte analysiert werden, wo die Hindernisse liegen:

1. Liegen die Ursachen für einen Misserfolg im gegenwärtigen Schritt des Problemlöseprozesses:
   - War die Aufgabe noch zu wenig konkret formuliert?
   - Haben sich praktische, nicht vorher gesehene Schwierigkeiten ergeben?
   - Ist die Aufgabe für das Paar zum gegenwärtigen Zeitpunkt nicht durchführbar, da hinderliche Einstellungen gegenüber der Lösung und ihren Konsequenzen aufgetreten oder Verhaltensdefizite deutlich geworden sind, die bisher noch nicht bekannt waren (z. B. mangelnde soziale Fertigkeiten, Angst vor Nähe)?
2. Wenn die Ursachen in vorhergehenden Schritten zu suchen sind:
   - Ist die falsche Lösung ausgewählt worden?
   - Haben sich weitere Nachteile gezeigt?
   - Ist eventuell einer der Partner gar nicht dazu motiviert, das definierte Ziel zu erreichen?

In diesem Schritt kommt es vor allem darauf an, das Paar im Hinblick auf eine zukünftig selbständige Problemlösung anzuleiten, bei Schwierigkeiten nicht aufzugeben, sondern sich die rekursiven Schritte des Problemlöseprozesses zunutze zu machen, indem eine Analyse der Schwierigkeiten gemeinsam durchgeführt und die notwendigen Schritte wiederholt und vertieft werden. Nach Umsetzung des Problemlöseprozesses sollten das Paar und der Therapeut diesen gemeinsam noch einmal rekapitulieren und bewerten. Danach ist zu entscheiden, ob ein weiteres partnerschaftsrelevantes und emotional belastendes Problem in Angriff genommen werden soll.

Grenzen des Problemlösetrainings. Mit dem Problemlösetraining selbst wird vor allem erst einmal die Fähigkeit der symbolischen Problemlösung gefördert. Möglicherweise werden angemessene Lösungen für ein Problem entwickelt, aber aufgrund anderer Defizite nicht in eine Lösung in der aktuellen Problemsituation auch adäquat umgesetzt. Solche Hindernisse können bspw. in einer mangelnden Motivation, in Verhaltensdefiziten und -exzessen oder in intensiven Emotionen bestehen. In diesem Fall ist es notwendig, das reine Problemlösetraining durch andere motivationsfördernde verhaltens- und/oder kognitionsmodifizierende Interventionen zu ergänzen.

Therapeutenverhalten. Während des Problemlöseprozesses nimmt der Therapeut auf keinen Fall inhaltlich Stellung: Er entscheidet also bspw. nicht, welche Lösung(-skombination) ausgewählt und umgesetzt wird. Ähnlich dem Kommunikationstraining achtet er auf die richtige Durchführung des Trainings.

Im Verlauf des Problemlöseprozesses achtet der Therapeut darauf, die Selbständigkeit der Partner zu fördern und ihnen schrittweise mehr Verantwortung für die Problemlösung zu übertragen.

Einbezug von Angehörigen in die Einzeltherapie

Werden Angehörige in die Einzeltherapie einbezogen, sollten vorab die Erwartungen des Patienten, die vermuteten Erwartungen der Eingeladenen und die therapeutischen Möglichkeiten (z. B. angesichts der zur Verfügung stehenden Zeit) abgeglichen werden. Damit können unrealistische Erwartungen korrigiert werden.

Um eine gemeinsame Problemlösung im Kontext einer Familie herbeizuführen, sind strukturierte Sitzungen notwendig. Der Therapeut übernimmt die Coach-Rolle während der Familiensitzung und moderiert die Struktur und den Prozess. Damit unterscheidet sich diese Rolle von der, die der Patient bisher während der Einzeltherapie kennengelernt hat. Auf die Schweigepflicht ist zu achten. Zu Beginn gemeinsamer Sitzungen sollten Angehörige bzw. andere Sozialpartner zunächst für ihr Kommen gelobt werden. Sorgen oder Befürchtungen kann der Therapeut antizipierend ansprechen und in Aussicht stellen, dass im Folgenden Anliegen aller gesammelt werden. Um den Zwangsprozess zu vermeiden, erfragt der Therapeuten jeden Anwesenden einzeln nach dessen Anliegen (z. B. »Mehr über die Erkrankung erfahren zu wollen, Medikamenteneinnahme, Frühwarnzeichen, Konflikte am Arbeitsplatz und in der Familie). Idealerweise verschriftlicht er diese für alle sichtbar mit wenigen Stichworten (z. B. an einem Flip-Chart).

Diese Anliegen werden von den Anwesenden anschließend hinsichtlich ihrer Dringlichkeit bewertet (z. B. durch die Anzahl von Punkten) und zeitlichem Aufwand eingeschätzt. Dabei wird deutlich, dass einzelne Anliegen während der gegenwärtigen Sitzung nicht bearbeitet werden müssen. So lassen sich Informationsdefizite zur Erkrankung zunächst durch Lektüre von patientengerechten Broschüren oder Angehörigengruppen beheben. Andere Anliegen sollten in einer der Folgesitzungen bearbeitet werden, wenn der Betroffene und die Angehörigen die Struktur der Sitzung kennen und sich persönlich vorbereiten können (z. B. der Umgang mit konflikthaften Themen). Weitere Anliegen können auch selbstständig im Alltag anhand des Problemlöseschemas angegangen werden. Ein Angehöriger sollte als Verantwortlicher festgelegt werden, der das Thema später erneut vorbringt.

Vor der Bearbeitung von Anliegen kann der Therapeut zur eigenen Entlastung und geteilten Verantwortungsübernahme Aufgaben an beteiligte Personen abgeben (z. B. die Beachtung der eingeplanten Zeit pro Anliegen und das Schreiben am Flip-Chart). Erst anschließend werden die Anliegen – meist zwei bis drei – systematisch in der vereinbarten Reihenfolge anhand des oben beschriebenen Problemlöseschemas abgearbeitet. Ergebnisse sind von einem der Anwesenden schriftlich festzuhalten.

5.1.5 Kognitive Interventionen

Die bisher vorgestellten, vorrangig behavioralen Interventionen zählen zu den grundlegenden Methoden der verhaltenstherapeutischen Paartherapie. Obwohl mithilfe dieser Interventionen erarbeitete Verhaltensänderungen im Verlauf einer Behandlung zwangsläufig mit Veränderungen in der Wahrnehmung und den Erwartungen gegenüber dem Partner und der Partnerschaft einhergehen, werden kognitive Faktoren lediglich indirekt beeinflusst.

Studien konnten jedoch zeigen, dass Kognitionen, insbesondere Erwartungen und Attributionen, in Bezug auf die Partnerschaft mit einem positiven Partnerschaftsverlauf einhergehen (Kurdek 1993; Vanzetti et al. 1992) und unzufriedene Partnerschaften sich dagegen durch dysfunktionale Erwartungen an den Partner oder Paarbeziehungen auszeichnen (Epstein und Eidelson 1981). Zusätzlich ist eine niedrige Partnerschaftsqualität mit ungünstigen Kausalattributionen assoziiert (Bradbury und Fincham 1992; Fincham und Bradbury 1987, 1993). Die KVPT fokussiert daher auch kognitive Faktoren, die zur Entstehung und Aufrechterhaltung von partnerschaftlichen Problemen beitragen (Baucom et al. 2015).

In Anlehnung an Beck et al. (1994) wird zunächst angenommen, dass Affekt und Verhalten im Rahmen einer Partnerschaft u. a. dadurch beeinflusst werden, wie jeder Partner seine Welt und darin enthaltene Beziehung strukturiert. Paarinterne dysfunktionale (emotionale oder verhaltensbezogene) Reaktionen auf bestimmte partnerschaftliche Ereignisse können wiederum durch eine fehlerhafte Informationsverarbeitung beeinflusst werden (Baucom et al. 2015). Ausschlaggebend für diese potenziellen Verarbeitungsfehler sind Erwartungen, Zuschreibungen und Überzeugungen der einzelnen Partner, die zu willkürlichen oder verzerrten kognitiven Beurteilungen führen oder auf extremen oder unangemessenen Standards für eine Beziehung basieren. Problematisch ist, dass die eigenen Kognitionen – auch wenn es sich um gedankliche Verzerrungen handelt – nicht mehr hinterfragt, sondern als real empfunden werden (Baucom und Epstein 1990; Epstein und Baucom 2002). Unter Anleitung des Therapeuten sollen Paare mithilfe kognitiver Interventionen erlernen (Baucom et al. 2015; Epstein und Baucom 2002):

- Eigene paarinterne oder partnerschaftsbezogene Erwartungen, Zuschreibungen und Überzeugungen zu erkennen.
- Hinsichtlich ihrer Validität und Auswirkungen auf die Partnerschaft kritisch zu hinterfragen.
- Und mithilfe der Techniken der kognitiven Umstrukturierung durch realistischere und funktionalere Einschätzungen sowie differenziertere Interpretationen zu ersetzen.

Insbesondere sich wiederholende und automatisierte Interaktionsmuster können mithilfe kognitiver Interventionen unterbrochen, psychoedukativ verdeutlicht und hinsichtlich ihrer zugrunde liegenden Gedanken, Gefühle und Motive analysiert sowie modifiziert werden (Jacobson 1989).

Kognitive Techniken lassen sich als aktive, zeitlich begrenzte und strukturierte Methoden – je nach Indikation – an unterschiedlichen Stellen im therapeutischen Prozess einsetzen. Sobald bspw. behaviorale Interventionen an ihre Grenzen stoßen, ist von therapeutischer Seite zu überprüfen, inwieweit dysfunktionale Wahrnehmungsmuster, Erwartungen und Attributionsstile die Wirkungsweise der bisher angewendeten Techniken negativ beeinflussen.

> Kognitive Interventionen sind indiziert, wenn:
>
> - Bereits erarbeitete Verhaltensänderungen neu bewertet werden sollen,
> - Verhaltensänderungen zwar umgesetzt werden, aber nicht mit der gewünschten Beziehungsverbesserung oder emotionalen Veränderung einhergehen,
> - Verhaltensänderungen durch negative Einstellungen und Gedanken über den jeweiligen Partner und die eigene Partnerschaft verhindert werden,
> - Das Paar die Bearbeitung von Erwartungshaltungen, Zielen und Wertsystemen explizit als therapeutisches Ziel formuliert,
> - Im Sinne einer Prozess- bzw. Verlaufsdiagnostik Veränderungen im Behandlungsverlauf überprüft und dokumentiert werden sollen.

Allgemeines Therapeutenverhalten. Der Therapeut zeichnet sich im gesamten Verlauf durch eine neutrale, offene und erkenntnisorientierte Grundhaltung aus und führt einen *sokratischen Dialog*. Diese Gesprächstechnik zeichnet sich durch naiv-zugewandte Fragen vonseiten des Therapeuten aus, mit deren Hilfe ein oder beide Partner geleitet werden, auf Widersprüche in den eigenen Bewertungen, Erwartungen und Zuschreibungen zu stoßen, gedankliche Verzerrungen selbst zu erkennen und im weiteren Verlauf zu modifizieren. Die Arbeit findet idealerweise im triadischen Setting (▶ Kap. 8) statt, sodass beide involviert sind und wechselseitig an den Erfahrungen des anderen Partners teilnehmen (Baucom et al. 2015). Erscheint nur ein Partner betroffen, kann das triadische zeitweise auf ein dyadisches Setting umgewandelt werden (vgl. Einzeltherapie im Paarsetting).

> **Cave**
>
> Die Gesprächstechnik des sokratischen Dialoges benötigt eine durch Offenheit, Sicherheit und Vertrauen geprägte Arbeitsatmosphäre und ist im triadischen Setting insbesondere für Paare geeignet, die wohlwollend, liebevoll und wenig feindselig oder verletzend miteinander umgehen. Andernfalls kann das Aufdecken gedanklicher Verzerrungen und die damit einhergehende Verunsicherung im Beisein des Partners nicht nur bloßstellend und beschämend wirken, es besteht auch die Gefahr, dass partnerschaftliche Probleme auf die aufgedeckten gedanklichen Verzerrungen zurückgeführt und im nächsten Streit gegeneinander verwendet werden oder ein Partner zum »Sündenbock« oder »Symptomträger« gemacht wird (Baucom et al. 2015).

Das *konkrete therapeutische Vorgehen* soll in Anlehnung an Bodenmann (2012) in folgende Schritte unterteilt werden:

1. (Kognitive) Vorbereitung der Intervention,
2. Identifikation und Sammeln von kognitiven Prozessen während der Therapiesitzung,
3. Identifikation und Sammeln von kognitiven Prozessen im Partnerschaftsalltag,
4. Kritisches Hinterfragen und Überprüfen der Kognitionen,
5. Erarbeitung von realistischen und angemessenen Kognitionen während der Therapiesitzung,
6. Transfer und Überlernen der dysfunktionalen Kognitionen mit angemessenen Kognitionen durch Übungen im Alltag.

Im Folgenden werden diese einzelnen Schritte näher erläutert und am Beispiel unterschiedlicher Erwartungen an eine Partnerschaft verdeutlicht.

1. Kognitive Vorbereitung der Interventionen. Im Sinne eines transparenten Therapieprozesses erarbeitet der Therapeut gemeinsam mit dem Paar ein möglichst individualisiertes (Störungs-)Modell, das den Zusammenhang zwischen Denken, Fühlen und Handeln, ggf. auch unter Berücksichtigung individueller Grundüberzeugungen und bedingter Annahmen, verdeutlicht. Das wesentliche Ziel ist ein schlüssiges Erklärungsmodell zur Bedeutsamkeit und zu den Auswirkungen von Interpretationen und negativen Selbstverbalisationen im Rahmen einer Partnerschaft zu erlangen. Als Hilfsmittel können Arbeitsblätter oder Abbildungen zu diesem Modell eingesetzt werden. Idealerweise leitet der Therapeut das Modell aber freihändig, bspw. an einem Flipchart, und anhand eines individuellen Beispiels eines oder beider Partner ab. Dieses Beispiel kann, muss aber nicht zwingend, mit der Partnerschaft zu tun haben und sollte ähnlich wie beim Vorgehen des Kommunikationstrainings zunächst kein Konfliktthema sein.

2. Identifikation und Sammeln von kognitiven Prozessen während der Therapiesitzung. Tabelle 5.1 gibt einen Überblick über typische Kognitionen in der Partnerschaft (vgl. Epstein und Baucom 2002). Insbesondere dysfunktionale Attributionsstile, irrationale oder extreme Erwartungen in Form von Annahmen und Standards aber auch die Tendenz zur Vorhersage zukünftigen Verhaltens und Ereignisse zählen zu den Hauptanwendungsbereichen für kognitive Interventionen. Als Anknüpfungspunkte nutzt der Therapeut Schilderungen der Patienten über kurz zurückliegende Ereignisse, konkrete Erinnerungen an eine bestimmte Situation, Vorstellungen zu hypothetischen Situationen, Rollenspiele oder Stimmungsveränderungen während einer Therapiesituation (z. B.: »Was empfinden Sie gerade?«, »Was geht Ihnen durch den Kopf?«). Für die Erarbeitung von Erwartungen an die Partnerschaft lassen sich zusätzlich die Arbeitsmaterialen zu Beziehungskonzepten aus dem Arbeitsbuch für Paare von Schindler et al. (2020) nutzen oder entsprechende Fragebögen einsetzen (vgl. *Bielefelder Fragenbogen zu Partnerschaftserwartungen*, BFPE, Höger und Buschkämper 2006; *Erwartungen an die Partnerschaft* aus *Ein Partnerschaftliches Lernprogramm*, EPL, Thurmaier et al.

2015). Ebenso kann der Therapeut typische Ansprüche an eine Beziehung als Explorationshilfe am Flipchart oder auf einem Arbeitsblatt skizzieren (▶ Typische Anspüche an die Beziehung) und erfragen, inwieweit sich die Partner in diesen Erwartungen wiederfinden. Bei unterschiedlichen Erwartungen bietet es sich im weiteren Verlauf an, diese in Form einer Tabelle schriftlich festzuhalten.

> **Typische Ansprüche an die Beziehung**
>
> - Der andere muss mich ganz und gar und bedingungslos lieben!
> - Der andere muss meine Fehler akzeptieren!
> - Streit ist fruchtbar (oder furchtbar).
> - Der Partner muss mir meine Wünsche von den Lippen ablesen.
> - Gegenseitige Unvereinbarkeiten sind unerträglich!
> - Es ist unvorstellbar, dass Partner oder Beziehung sich verbessern.
> - Eine Beziehung muss ewig halten!

3. Identifikation und Sammeln von kognitiven Prozessen im Partnerschaftsalltag. Um relevante kognitive Prozesse auch außerhalb der Therapiesituation eigenständig erkennen und festhalten zu können, kann der Therapeut beide oder einen Partner dazu auffordern, Tages- oder Selbstbeobachtungsprotokolle zu führen. In Anlehnung an Bodenmann (2012) können auch »Beobachtungen der Partner« in der Zeit zwischen den Sitzungen vereinbart werden, um festzustellen, wie sich die Partner gegenseitig wahrnehmen. Diese Beobachtungsprotokolle sollten gemeinsam mit dem Paar ausgewertet und die relevantesten Kognitionen sollten schriftlich festgehalten werden.

4. Kritisches Hinterfragen und Überprüfen der Kognitionen. Das kritische Hinterfragen negativer Annahmen über den Partner ist von zentraler Bedeutung, um problematische Kognitionen und Schemata aufzudecken. Tabelle 5.1 gibt einen Überblick zu den wichtigsten kognitiven Faktoren und entsprechenden Interventionsstrategien. Für die Bearbeitung unangemessener Erwartungen können ggf. bereits erarbeitete Ansprüche an die Partnerschaft herangezogen werden. Die Partner werden gebeten, nacheinander ihre Erwartungen hinsichtlich der Vor- und

Nachteile für eine Partnerschaft oder bestimmte Partnerschaftsbereiche (z. B. Vorstellungen über die gemeinsame Gestaltung der Freizeit, die gemeinsame Zukunft) zu diskutieren, wobei jeder den anderen im Anschluss ergänzen darf. Um einen polarisierenden Effekt und eine Stagnation im therapeutischen Prozess zu vermeiden, überwacht der Therapeut, dass beide Partner tatsächlich Vor- und Nachteile benennen.

5. *Erarbeitung von realistischen und angemessenen Kognitionen während der Therapiesitzung.* Im Anschluss wird die Modifikation gedanklicher Verzerrungen und extremer Erwartungen oder eine Reattribution unangemessener Zuschreibungen angestrebt, sodass das Paarverhalten letztlich wieder als Herausforderung verstanden und positiv gedeutet werden kann. Insbesondere aus logischen Analysen zu den Vor- und Nachteilen irrationaler Einstellungen und Gedanken- oder Verhaltensexperimenten lassen sich realistischere und angemessenere Kognitionen ableiten. Darüber hinaus können Realitätstests (z. B. »Welche Beweise haben Sie für diese Annahmen/Gedanken?«, »Welche Beweise sprechen dagegen?«) und der Anwendung der 3- bzw. 5-Spaltentechnik (z. B.: »Wie könnten alternative Bewertungen aussehen?«, »Was würde Ihnen eine gute Freundin raten?«, Hautzinger 2015) neue Sichtweisen erarbeitet werden, was sich insbesondere bei systematischen kognitiven Fehlern (vgl. willkürliches Schlussfolgern, selektive Verallgemeinerung, Übergeneralisierung, Maximierung, Minimierung, Personalisierung, dichotomes Denken) im Sinne eines verzerrten Wahrnehmungsmusters empfiehlt.

Im Anschluss wird das Paar vom Therapeuten dazu aufgefordert, gemeinsam moderatere Standards zu definieren. Diese sollten für beide akzeptabel und zunächst lediglich leichte Veränderungen ihrer vorherigen Standards darstellen. Die Erwartungshaltungen werden hierdurch der Realität angepasst und insgesamt relativiert. Mithilfe der Komponenten aus dem Problemlösetraining werden anschließend gemeinsam Schritte erarbeitet, wie diese neuen Standards in den Partnerschaftsalltag integriert werden können. Infolge ist es möglich, die dysfunktionalen Kognitionen im triadischen Setting entweder grundlegend zu verändern, das innerpartnerschaftliche Verhalten den jeweiligen Erwartungen der Partner anzupassen, anderweitige Kompromisse zu finden oder Akzeptanz für die Unterschiedlichkeit von Normen, Werten und Erwartungen zu schaffen (Baucom et al. 1995).

Tab. 5.1: Typische Kognitionen in der Partnerschaft und entsprechende Interventionsstrategien

Name	Beispiele	Fragen	weitere Interventionen
Selektive Wahrnehmung	Mein Partner fasst mich nur an, wenn er Sex haben will.	»Wie kommen Sie darauf?« »Woraus schließen Sie das?« »Weshalb muss das so sein?«	Beobachtungsprotokoll
Attributionen: Ursachen und Verantwortung	Typisch, er kann einfach nicht zuhören! Mein Mann ist einfach so, er ist einfach faul.	»Welche Erklärungen wären noch möglich?«	Tortendiagramm
Erwartungen/Vorhersagen	Wenn ich das anspreche, dann flippt sie aus und ich stehe wieder vor allen dumm da. Was soll ich da noch machen? Immer wenn wir uns vorgenommen haben, mal auszugehen, kommt sein Beruf dazwischen!	»Ist das zwangsläufig so?« »Wie wahrscheinlich ist es, dass…« »Was könnte noch geschehen?« »Ganz sicher?«	Gedankenexperimente Verhaltensexperimente Entkatastrophisieren
Annahmen darüber wie Menschen und Beziehungen tatsächlich sind	Ein Ehemann verteidigt mich vor anderen.	»Woher kennen Sie diese Norm?« »Welche anderen Sichtweisen kennen Sie?« »Möchten Sie das weiterhin glauben?«	Vor- und Nachteile Logische Analyse
Standards /Normen wie Beziehungen und Menschen sein sollten	Partnerschaft/Ehe bedeutet für mich … Liebe ist …		

5.1 Standardinterventionen

Beispiele für angemessene Selbstverbalisationen in Anlehnung an Revenstorf (1993)

Aussage der Frau als Ausgangspunkt, nachdem ihr Mann wiederholt zu spät nach Hause gekommen ist: »Du kommst immer zu spät. Ich bin dir völlig egal, sonst hättest du mich wenigstens angerufen.«

1. Möglicher Selbstkommentar des Mannes, der zu Ärger und infolge zu angreifendem oder abgrenzendem Verhalten führen kann: »Warum ist sie so furchtbar sensibel. Hat sie denn überhaupt kein Verständnis dafür, wie hart ich arbeite. Das brauche ich mir nicht bieten lassen.«
2. Möglicher Selbstkommentar des Mannes, der zu Traurigkeit und Rückzugsverhalten führen kann: »Ich mache alles falsch. Ich bin nicht fähig, ihre Erwartungen zu erfüllen. Sie sucht nach Gründen, mich zu verlassen.«

Passivierende Umstrukturierungen und emotionale Folgen

Ablenkung: »Ich kümmere mich nicht darum, was sie sagt, das Fußballspiel im Fernsehen ist viel interessanter.« (Beruhigung)

Distanzierung: »Wenn ich mir vorstelle, dass ich an diesen Tag in 20 Jahren zurückdenke, wird es mir unwichtig erscheinen, was sie zu mir gesagt hat.« (Beruhigung)

Toleranzerhöhung: »Das ist ganz normal. Zweimal streiten in der Woche ist in Ordnung. Wenn das nicht so wäre, würden wir etwas unterdrücken. Solche Vorfälle wie diese zeigen mir, dass unsere Beziehung funktioniert.« (Beruhigung)

Positive Umdeutung: »Die Art, wie sie reagiert, zeigt mir, dass sie an der Beziehung noch interessiert ist, mal sehen, wie ich ihr zeigen kann, dass das auch für mich gilt.« (Zuwendung)

Aktivierende Umstrukturierungen und emotionale Folgen

Herausforderung: »Dies ist eine Krise, wir haben schon andere schwierige Situationen bewältigt. Vielleicht stellt die eine besondere Her-

ausforderung dar, und ich bin gespannt, ob wir einen Weg finden, sie zu lösen.« (Neugier)
Selbstaufwertung: »Im Grunde liebt sie mich. Es gibt genügend Beweise dafür, dass ihr etwas an mir liegt. Dieser Zwischenfall ist bedeutungslos.« (Selbstsicherheit)
Verantwortung übernehmen: »Mein Teil des Problems ist, dass ich leicht Verabredungen vergesse und ungern telefoniere. Vielleicht kann ich das nächste Mal mich überwinden, sie anzurufen, wenn ich zu spät komme.« (Verständnis, Unterstützung)
Die Perspektive des Anderen: »Vielleicht hat sie einen anstrengenden Tag gehabt. Sie hat sich besonders auf diesen Tag gefreut. Jetzt ist sie darüber enttäuscht, dass ich zu spät komme.« (Verständnis)

6. *Transfer und Überlernen der dysfunktionalen Kognitionen zu angemessenen Kognitionen durch Übungen im Alltag.* Um den Transfer in den Alltag zu gewährleisten, unterstützt der Therapeut die Partner dabei, die im Rahmen der therapeutischen Sitzungen genutzten kognitiven Techniken auch im Alltag zu übernehmen. Einerseits dient schon allein die Gesprächstechnik des sokratischen Dialoges als psychotherapeutisches Lernmodell. Andererseits können diese Effekte durch Aufgaben für den Alltag zusätzlich unterstützt werden, in dem den Partnern bspw. Karteikarten mit Fragen zum Überprüfen dysfunktionaler Selbstverbalisationen mitgegeben werden (▶ Fragen zur Prüfung der Selbstverbalisationen).

Fragen zur Prüfung der Selbstverbalisationen

1. Ist mein Gedanke hilfreich?
2. Führt er mich zum Ziel?
3. Verschafft er mir ein gutes Gefühl?
4. Erhält oder verändert er meine Beziehung so, wie ich es anstrebe?

5.1.6 Akzeptanzbasierte Interventionen

Die bisherigen dargelegten Techniken waren veränderungsorientiert und setzen damit in einem gewissen Maße bei beiden Partnern eine Veränderungsmotivation und die Möglichkeit einer Veränderung voraus. Doch kann es sich als Ergebnis eines erfolgreich durchgeführten Kommunikationstrainings erweisen, dass die angemessen mitgeteilten Bedürfnisse, Wünsche bzw. Erwartungen der beiden unvereinbar sind. Auch Persönlichkeitsstile oder -eigenschaften können unveränderbar sein. Der geäußerte Wunsch nach Veränderung des Partners würde im Gespräch immer wieder zu einer Polarisierung im Streit führen, der die Ausprägung des Stils bzw. der Eigenschaft nur verstärkt bzw. deutlicher wahrnehmen lässt. Meist sind damit auch Einstellungen assoziiert, die rigide und ich-synton kaum durch die beschriebenen kognitiven Techniken zu modifizieren sind.

Akzeptanzbasierte Interventionen können in den kompletten Behandlungsverlauf integriert werden (Jacobson und Christensen 1998). Zunächst wird versucht, den Veränderungsdruck zu reduzieren und stattdessen Verständnis für die Unterschiede und damit Kompromissbereitschaft zu schaffen. Wenn dann Paare bzw. die jeweiligen Partner die Situation bzw. ihre Person nicht verändern können und/oder wollen, d. h. Verhaltensänderungen – realistisch eingeschätzt – nicht zu erwarten sind, wäre zu prüfen, ob toleranzfördernde Interventionen angemessen eingesetzt werden können.

Empathisches Joining. Bei belastenden Themen geraten Paare bereits zu Gesprächsbeginn häufig in wechselseitige Vorwürfe und Rechtfertigungen, Abwertungen und Themenwechsel; also den genannten Kommunikationsfehlern aufseiten des Sprechers. Umgekehrt zeigen die Partner keine gegenseitige Wertschätzung bzw. signalisieren keine Offenheit für die Gefühle, Gedanken und Bedürfnisse des anderen; also den Fehlern des Zuhörers. Dies führt zur erwähnten Polarisierung und Akzentuierung der Persönlichkeitsstile während innerpartnerschaftlichen Stresses.

Ziel des Therapeuten ist es daher zunächst, einen klaren Rahmen für das Gespräch vorzugeben und damit beiden Partnern durch eine Regel subjektive Sicherheit und Schutz zu vermitteln: Er verweist darauf, dass er nur immer einer Person zuhören kann, dass er aber darauf achten wird, dass die zweite Person genauso zu Wort kommen wird; d. h. zu diesem Zeitpunkt unterbindet er die direkte Interaktion zwischen den Partnern. Er führt anschließend im Wechsel einen gelenkten Dialog mit jeweils einem der Partner durch. Dabei ist er Modell für ein angemessenes Zuhörerverhalten.

Der Therapeut fungiert als Filter für verletzende Äußerungen, indem er regelselektiv zusammenfasst und die direkte Aussprache aktivierter Gefühle bzw. Bedürfnisse fördert. Insbesondere fokussiert er auf weiche Gefühle, z. B. Einsamkeit, Enttäuschung, Traurigkeit, die meist nicht unmittelbar geäußert werden und viele Partner sich nicht (vor dem anderen) eingestehen wollen und können. Dazu nutzt er offene Fragen, Konkretisierungen und Hervorhebung von Ressourcen bzw. Lob für die Einhaltung von Kommunikationsregeln, um weitere verletzende Äußerungen zu verhindern.

Th.: Ich würde gerne zunächst so anfangen, dass ich mit einer Person von Ihnen spreche. Anschließend kommt selbstverständlich die andere Person dran. Ich werde darauf achten, dass Sie in gleicher Weise Ihre Sichtweisen darstellen können. Wer möchte den Anfang machen?
Frau: Nun, mit ihm ist einfach nicht zu reden. Gerade wenn es um den Kontakt zu seiner Mutter geht, kann er einfach nicht objektiv bleiben.
Mann wird unruhig.
Th.: Ein wichtiges Thema ist für Sie über seine Mutter zu sprechen (Th. wendet sich kurzzeitig dem Mann mehr zu). Aber Sie haben festgestellt (Th. schaut nun wieder die Frau an), dass Sie beide nicht weiterkommen.
Frau: Ja, das geht mit ihm nicht: Er fühlt sich immer gleich angegriffen und verteidigt dieses Scheusal!
Th.: Sie würden gerne mit Ihrem Mann darüber sprechen (Th. schaut kurz zum Mann, der aber ruhig bleibt), dass Sie große Schwierigkeiten sehen. Offensichtlich hat seine Mutter etwas getan oder macht sie regelmäßig, was Sie sehr (betont) getroffen hat.

Frau:	Sie ruft ständig an, jeden Tag, und fragt nach ihm und den Kindern. Dann arbeitet sie eine Liste ab, die ich als Frau zu erledigen habe. Ja, manchmal kommt sie sogar unangekündigt vorbei, so wie am Sonntag, nur um mal »nach dem Rechten zu schauen« (äfft die Mutter nach; Mann wird unruhig und holt tief Luft).
Th.:	(Wechselt und spricht den Mann an:) Wie ist das für Sie? Ist das ein wichtiges Thema, das wir heute besprechen sollten?
Mann:	Auf jeden Fall; das führt immer wieder zu Streit! Und ich sitze immer zwischen den Stühlen.
Th.:	Aha: Also es ist ein wichtiges Thema für Sie beide (Th. lässt beide Partner noch einmal zustimmend nicken; es gibt ein gemeinsames Thema). Frau K., Sie haben ja gerade schon seine Mutter nachgespielt; was empfinden Sie denn, wenn sie, wie am Sonntag, »nach dem Rechten schaut«?
Frau:	Ich könnte sie am liebsten anschreien: Sie soll verschwinden! Aber das mache ich natürlich mit Rücksicht auf meinen Mann und meine Kinder nicht!
Th.:	In dem Moment, wenn Sie schreien wollen würden, was empfinden Sie da? (Th. fokussiert weiterhin die Gefühle.)
Frau:	Ich koche vor Wut! Sie dringt einfach in unser Haus ein.
Th.:	Ah. Und wenn sie einfach so eindringt und Sie sie durch Anschreien nicht loswerden können…?
Frau:	Früher habe ich dann meinen Mann oder gar die Kinder angeblafft (idiosynkratischer Ausdruck: Wütend auf andere Themen angesprochen; Streit initiiert). Aber das ändert ja auch nichts. Jetzt gehe ich häufig in den Garten und pflege Blumen bzw. die Obstbäume.
Th.:	Auch wenn die Gartenpflege das Problem mit der Mutter noch nicht löst, haben Sie bemerkt, dass es besser ist – für die Beziehung (Th. schaut kurz den Mann an) und für die Kinder – wenn Sie in den Garten ausweichen. Möglicherweise tut es Ihnen auch gut?
Frau:	Ja, ich beruhige mich, bekomme etwas geschafft und bekomme nichts mit, was seine Mutter im Haus anstellt. Außerdem streiten wir weniger.

Th.: Genau! Das ist wichtig, dass Sie auch für sich sorgen und sich erst einmal beruhigen wollen. (Nachdem nun das konstruktive, selbstfürsorgliche Verhalten der Frau herausgehoben und damit indirekt gelobt wird, bietet sich dem Th. ein Wechsel an; die gelenkten Dialoge sollten zeitlich ungefähr ausbalanciert werden.) Wie sehen Sie die Situation am Sonntag, Herr K.?

Mann: Meine Mutter wird niemand mehr ändern, die macht was Sie will. Ich habe immer wieder mit ihr gesprochen – auch über diese unangekündigten Besuche. Das nervt ja auch mich! Aber ich kann sie ja nicht rauswerfen.

Th.: Sie haben also mehrfach über diese Besuche mit ihr gesprochen. Und es nervt Sie: Was genau nervt Sie?

Mann: Sie überschreitet immer Grenzen. Sie meint immer zu wissen, was man machen muss. Sie gibt entweder Tipps und Ratschläge oder fängt an, etwas sauber zu machen oder gar zu reparieren: Wenn ich dann protestiere oder ihr, wie Sonntag, die Bohrmaschine wegnehmen will, dann lächelt sie mich an, tätschelt mich und sagt: ›Lass mich mal machen‹. (Frau wird unruhig.)

Th.: Wie geht es Ihnen dann? (Th. fokussiert auf Gefühle.)

Mann: Ich fühle mich wie so ein kleiner Junge.

Th.: Kleiner Junge (spricht etwas langsamer, fragend)?

Mann: Ja, ziemlich hilflos!

Th.: (Wiederholt:) Hilflos. (Exploriert aber nicht weiter das Gefühl des Mannes; zu früh im Prozess. Stattdessen wendet er sich wieder der Frau zu und sagt:) Wenn Sie im Garten sind und weiter darüber nachdenken, was da eben passiert ist: Also seine Mutter mit der Bohrmaschine am Sonntag, was empfinden Sie dann?

Frau: Das habe ich ja schon gesagt: Es macht mich rasend vor Wut, wenn ich sehe, was sie macht, ohne irgendetwas zu sagen.

Th.: Ja! Aber wenn Sie im Garten allein – mit ihren Blumen beschäftigt – sind und sich etwas beruhigt haben?

Frau: Naja, ich bin dann anfangs noch ärgerlich.

Th.: Und dann? (Th. fokussiert weiterhin die Gefühle.)

Frau:	Mmmh (zögerlich).
Th.:	Was empfinden Sie in diesen ruhigen Minuten im Garten? (Langsamer gesprochen, tiefere Stimme.)
Frau:	So habe ich mir das alles nicht vorgestellt; ich meine das mit uns. Ich würde gerne zu ihm halten. (Frau hat Tränen in den Augen.) Wir haben schon viel probiert, aber es hilft nichts. Sie behandelt meinen Mann wie einen kleinen Schuljungen und mich wie ein Dummerchen.
Th.:	Wenn Sie das (langsamer werdend) so sagen: »Dummerchen«, was empfinden Sie da?
Frau:	Ich bin auch hilflos. (Frau nachdenklich.)
Th.:	(Fasst nach ca. 10 min noch einmal zusammen und stellt die Gemeinsamkeiten heraus:) Sie haben heute ein wichtiges Thema angesprochen, dass wie Sie jetzt bemerkt haben, auch Ihrem Mann wichtig ist: (Th. wendet sich kurzzeitig dem Mann mehr zu.) Seine Mutter bleibt seine Mutter – mit den Ecken und Kanten, die sie hat. Sie haben festgestellt (Th. schaut nun wieder die Frau an), dass Sie beide über die Mutter und den Umgang mit ihr sprechen wollen; Sie beide wollen die Situation so wie bisher nicht weiter ertragen. Beide haben Sie gehört, dass es auch den anderen hilflos macht. Das ist wichtig! Außerdem haben Sie berichtet (Th. spricht kurz zum Mann.), dass die Besuche nach dem Tod von Ihrem Vater häufiger geworden sind; Sie können sich vorstellen, dass sie einsam ist und nicht weiß, was sie allein unternehmen soll. Und Sie, Frau K., würden das genauso sehen? (Th. lässt Frau bestätigen.)

Innerliche Distanzierung. Während der ersten Sitzungen sollten Interaktionsmuster für das Paar als ein äußeres Objekt benannt werden, sodass das Paar das Muster als etwas Außenstehendes wahrzunehmen beginnt, die Partner lernen, ohne die häufigen Abwertungen, Vorwürfe und Rechtfertigungen über die partnerschaftliche Interaktion zu sprechen und gemeinsam gegen dieses außenstehende Muster – zum Schutz ihrer Beziehung und emotionalen Verbundenheit – vorzugehen. Dabei ist es wichtig, gemeinsam Signalwörter zu finden und ggf. Metaphern (humorvoll) aufzugreifen.

Th.: Bei den bisherigen Versuchen sich dem Thema zu nähern, sind sie immer in eine Falle getappt: Wenn Sie beim nächsten Mal darüber sprechen und die Gefahr besteht, dass es eskaliert, dann wäre es gut, wenn Sie sich unterbrechen und dem anderen mitteilen, dass Sie wieder in diese Falle geraten. (Th. macht eine kurze Sprechpause, wendet sich dann zur Frau und übernimmt eine Metapher.) Sie haben gesagt, dass sich das wie in einer Sackgasse anfühlt. Bevor Sie da reinfahren, wäre es gut, anzuhalten und zu prüfen, ob es wirklich – wieder – der Weg sein soll und ob es sich lohnt, da weiterzumachen. (Th. wendet sich zum Mann.) Sie könnten auch ihren Mann fragen, ob er mit Ihnen gerne in Ihre Sackgasse fahren möchte. (Th. lächelt.) Vielleicht bittet er um Bedenkzeit oder weiß einen anderen Weg?

Umdeutung von verletzenden Äußerungen. Bereits während des empathischen Joinings kann der Therapeut etikettierende und damit negativ konnotierte Formulierungen in seinen Äußerungen und Zusammenfassungen umdeuten. Damit schützt er den beschriebenen Partner vor weiteren Kränkungen, vermittelt gleichzeitig Wertschätzung gegenüber der Person und verdeutlicht, dass Verhalten und Eigenschaften unterschiedlich bewertet werden können. Im Therapieverlauf kann der Therapeut auch explizit nach Selbst- und Fremdbeschreibungen bzw. Interaktionsmuster und Polarisierungen fragen und um die Erläuterung durch beispielhaftes Verhalten bitten.

Beispiele für Umdeutungen häufig internaler negativer Zuschreibungen:

- ist impulsiv → lebendig, temperamentvoll, trägt sein Herz auf den Lippen
- heult herum → zeigt die Gefühle offen
- ist streitlustig → sucht Herausforderungen und Grenzen
- ist misstrauisch → braucht Sicherheit und sucht Vertrauen
- ist empfindlich und sensibel → hat feine Antennen

Förderung der Toleranz. Um fruchtlose Versuche, den anderen oder äußere Bedingungen zu verändern bzw. die damit einhergehenden Auseinandersetzungen zu verringern, können auch toleranzfördernde Interventionen eingesetzt werden. Dabei ist aber zu prüfen, ob das Verhalten wirklich für beide Personen zu tolerieren ist. Ethische Bedenken sollte der Therapeut ggf. aktiv äußern und mit Blick auf mittel- und langfristige Folgen für die Einzelpersonen und das Paar gemeinsam transparent (ggf. schriftlich) abwägen. Bspw. können toleranzfördernde Interventionen kontraindiziert sein, wenn die persönliche Integrität durch andauernde Demütigungen, z. B. im Rahmen wiederholter sexueller Außenbeziehungen, die Unversehrtheit bei körperlicher Gewalt oder die existenzielle Sicherheit bei (nicht-)substanzgebundenen Verhaltensexzessen (z. B. Alkohol- oder Kokainmissbrauch, Spielschulden) infrage steht. Selbst wenn beide Partner zu dem Schluss kommen, dass derartiges Verhalten im Rahmen ihrer Partnerschaft zu tolerieren ist und eine der beiden Personen die Toleranz noch lernen muss, steht der Therapeut vor der Entscheidung, ob diese Behandlung – begründet auf einer realistischen Ergebniserwartung und dem eigenen Wertehorizont – zu beenden ist.

Positive Aspekte negativen Verhaltens. Häufig werden die Folgen von Verhaltensweisen eines Partners global negativ bewertet. Dabei ist allerdings zu prüfen, ob dem Verhalten nicht auch positive Aspekte abgewonnen werden können – insbesondere wenn kurz- und langfristige Auswirkungen unterschieden werden. Die gegenseitigen Zuschreibungen geben meist einen Hinweis, der im weiteren Gesprächsverlauf aufgegriffen werden sollte:

> »Meine Ehefrau ist immer schon impulsiv, d. h. auch, dass es immer vorkommen wird, dass sie mich anschreit und beschimpft. Da hilft auch kein Kommunikationstraining, Herr Therapeut. Aber das macht unser Leben auch spannend: Langweilig wird es mit ihr nie!«

Besonders wenn Polarisierungen während der partnerschaftlichen Interaktion sich immer wiederholen (z. B. Nähe – Distanz, Sicherheit – Abenteuer), lässt sich die Akzeptanz für die Bedürfnisse des anderen durch ein Gedankenexperiment steigern:

Th.: Ich frage mich gerade, wie Ihr Leben aussehen würde, wenn Sie beide ausschließlich große Nähe zum anderen suchen würden? (Th. wendet sich der Frau kurz zu.)
Frau: Das wäre ein Wunder! Wir könnten miteinander kochen. Wir könnten uns gegenseitig vorlesen und dabei kuscheln – wie früher. Oder: Wir könnten endlich...
Th.: Wie würde sich das auf Ihre Freundschaften auswirken; für die hätten Sie keine Zeit?
Frau: Das würde ich in Kauf nehmen.
Th.: Wie lange? Und was würden Ihre Freundinnen sagen?
Frau: Oh, das schaffe ich ... sicherlich einige Wochen. Die würden sicherlich neugierig nachfragen (lächelt).
Th.: Als Gedankenexperiment: Sie dürften nicht telefonieren, nichts erzählen.
Frau.: Puh! Wenn ich nichts erzählen darf, dann wären die ziemlich beleidigt.
Th.: Wie wirkt sich diese dichte Nähe auf ihre Beziehung zu ihrem Mann aus?
Frau.: Oh, dem wird das sicherlich bald zu eng.
Th.: Und Ihnen?
Frau.: Mmmh, ich weiß nicht. Wahrscheinlich würde ich das so eng auch nicht wollen.
Th.: Wie würde sich das auf Sie, Herr H., auswirken?
...
Th.: Umgekehrt: Wie würde Ihr Leben aussehen, wenn Sie beide ausschließlich Distanz zum anderen wahren würden? ...

Streitsimulation. Im Verlauf der Behandlung besteht die Möglichkeit eine zunächst therapeutisch angeleitete Simulation anzuregen. Spielend wird ein typischer Streit nachgestellt, bei dem der Therapeut immer wieder nachfragt, was üblicherweise der eine oder die andere sagt, macht und signalisiert, um den Streit zu entfachen bzw. eskalieren zu lassen. Ziel dieser Simulation ist es, dass die Partner *typische Verhaltensweisen* (sog. Trigger) identifizieren, welche die nächste Eskalationsstufe eines Streites markieren, damit zunehmende Distanz zum eigenen Verhalten eingenommen werden kann, eigene Verhaltensweisen reflektiert bzw. an negative Verhaltensweisen des anderen habituiert werden kann. Erst wenn deutlich wird, dass das Paar nicht in einen realen Streit verfällt, bei dem sie emotional beteiligt sind, sollten Simulationen als Aufgabe im Alltag aufgegeben werden. Dabei ist der zeitliche Rahmen (max. 10 min) und die Häufigkeit (zweimal pro Woche, von jedem Partner einmal initiiert) festzulegen. Die Partner wissen nicht voneinander, wann der andere die Simulation durchführen wird. Die initiierenden Partner müssen daher ausreichend Zeit (ca. 45 min) einplanen, um nach der Simulation einen Austausch und damit Entlastung zu ermöglichen und die Beobachtungen gemeinsam zu dokumentieren.

Radikale Akzeptanz. Der Ausdruck Radikale Akzeptanz beschreibt eine Haltung, die einige Menschen gegenüber unabänderlichen Eigenschaften des Partners bzw. der kontextuellen Bedingungen einnehmen können. Diese durch und durch annehmende Haltung bezieht die eigenen Emotionen, Gedanken und Wünsche ein:

Beispiele für Selbstinstruktionen bei radikaler Akzeptanz:

»Meine Ehefrau hatte einen schweren Schlaganfall; sie wird sehr eingeschränkt bleiben. Ich werde bestimmte Reisen und Feste mit ihr nicht mehr erleben können, wie wir uns das erträumt haben. So ist das!«

»Ich weiß, was ich an ihm habe. Er wird seinen Alkoholkonsum nicht ändern. Und ich will mich nicht von ihm und damit von dem, was wir geschafft haben, trennen. D. h. ich werde sein Alkoholproblem hinnehmen.«

»Mein Ehemann hat mich betrogen und ich werde immer schlimme Erinnerungen aus dieser Zeit haben, wenn auch der akute Schmerz und die bildlichen Vorstellungen nachgelassen haben.«

Derartige Selbstinstruktionen lassen sich durch Nachfragen provozieren, z. B. nach einer Bilanzierung bisheriger Veränderungen oder dem Austausch von Einstellungen, Erwartungen und Wünschen im Kontext des Kommunikationstrainings.

Zielanpassung und Selbstfürsorge. Werden die Partner durch ihre Auseinandersetzungen und partnerschaftlichen Konflikte absorbiert, vernachlässigen sie häufig ihre individuelle Selbstfürsorge (z. B. Freundschaften, Sport und Hobbies). Häufig können auch jene eigenen Bedürfnisse, die nicht mit bzw. durch den anderen erfüllt werden, im Zusammensein mit anderen befriedigt werden. Zunächst ist es allerdings wichtig, sich von dem Wunsch zu lösen (Zielanpassung), bestimmte Erlebnisse unbedingt mit dem Partner teilen zu müssen oder bestimmte Konflikte in jedem Fall sowie sofort zu lösen. Zudem setzt ein selbstfürsorgliches Handeln eine größere Autonomie voraus, die zunächst ungewohnt erscheint und mit Unsicherheiten verbunden sein kann. Doch lassen sich unveränderbare, negativ bewertete Verhaltensweisen des Partners besser ertragen, wenn Selbstfürsorge ausgeübt wird.

5.1.7 Bewältigungsorientierte Interventionen

Während die bisher vorgestellten Interventionen im Wesentlichen auf eine Stärkung der partnerschaftlichen Kompetenzen abzielen, fokussieren BOI die Auswirkungen und Bewältigung von (paarexternem) Stress in Paarbeziehungen (▶ Kap. 3.2.3). Durch diese Interventionen sollen in einem besonderen Maße die Intimität und Verbundenheit sowie das Vertrauen und das Wir-Gefühl gefördert werden. Das übergeordnete Ziel der BOI ist der Aufbau von positivem supportivem dyadischem Coping. Es handelt sich um *kognitiv-emotionale Interventionen*, die maßgeblich durch Bodenmann (2012, 2016) entwickelt wurden. Da die nachfolgenden Abschnitte im Wesentlichen auf den Ausführungen des Autors zu zwei zentralen Methoden basieren, soll auf weitere Quellenangaben verzichtet werden.

Trichtermethode. Im Rahmen der Trichtermethode sollen oberflächlich beschriebene Stresserlebnisse gemeinsam als Paar geordnet und gefühlsmäßig aber auch rational nachvollziehbar gemacht werden (siehe Trichter des psychischen Erlebens, ▶ Kap. 3.2.3). Es handelt sich um eine Methode zur emotionalen Stressexploration, mit deren Hilfe:

- Verständnis für den Stress des jeweiligen Partners aufgebaut,
- Verständnis für die Funktionsweise des jeweiligen Partners gefördert,
- das supportive dyadische Coping den konkreten Bedürfnissen des jeweiligen Partners optimal angepasst werden soll.

Voraussetzungen für die Trichtermethode sind gegenseitiges Vertrauen und Interesse, Zeit und Nähe, Ausgewogenheit im Rahmen der Partnerschaft und die Fähigkeit zur Diskrimination bei beiden Partnern. Die Methode ist bei Paaren indiziert, die sich eine Erhöhung der Bindung sowie der wechselseitigen Unterstützung und Optimierung der gemeinsamen Stressbewältigung wünschen. Sie kann in Kombination mit kognitiven sowie akzeptanzfördernden Interventionen angewendet werden. Im Idealfall wurden in der bisherigen Paarbehandlung sowohl das Reziprozitäts- als auch das Kommunikationstraining bereits durchgeführt. Die Trichtermethode sollte nicht angewendet werden, wenn bei mindestens einem Partner Zweifel an der Partnerschaft bestehen, da sie wechselseitiges Commitment und Engagement für die Paarbeziehung sowie deren Kontinuität erfordert.

Zur Vorbereitung der Trichtermethode empfiehlt es sich, zunächst im Rahmen psychoedukativer Therapieeinheiten mit dem Paar über die Bedeutsamkeit paarexterner Stressoren und deren Auswirkungen auf die Paarbeziehung zu sprechen. Zum einen können hier die Ergebnisse wissenschaftlicher Studien zitiert und mit dem tatsächlichen Erleben des Paares abgeglichen werden.

Möglichkeiten zur kognitiven Vorbereitung

»Bisherige Studien zeigen, dass paarexterne Stressoren, wie zum Beispiel Belastungen am Arbeitsplatz, negativ mit der Partnerschaftszufriedenheit und -qualität zusammenhängen.«

»Es wird davon ausgegangen, dass Stress am Arbeitsplatz auf das Paar – man sagt auch auf die Dyade – »überschwappt«. Kennen Sie das auch aus ihrem Alltag, dass Sie z. B. die Belastung am Arbeitsplatz auch mit nach Hause bringen?«

»Vielleicht erinnern Sie sich an eine Situation, in der Sie sich am Arbeitsplatz ziemlich belastet gefühlt haben und der Stress Zuhause dann weiter ging? Was genau ist da passiert?«

Zum anderen können auch gemeinsam mit dem Paar verschiedene Modelle (z. B. Einfluss von Stress auf dyadische Kompetenzen, Bodenmann

2012, S. 43) genutzt und anhand individueller Beispiele des Paares besprochen werden. Durch die Visualisierung der individuellen Stressreaktionen mindestens eines Partners, inkl. der kognitiven, emotionalen, behavioralen und physiologischen Komponenten, kann dem Paar bspw. verdeutlicht werden, dass ein und dieselbe Situation unterschiedliche Reaktionen hervorrufen kann.

Im Anschluss führt der Therapeut das Trichtermodell ein (▶ Abb. 5.1, in Anlehnung an Bodenmann et al. 2008) und erläutert neben der Dauer der Übung (vgl. zwischen 30 und 45 Minuten pro Partner und Stresserlebnis, maximal zwei Schilderungen pro Therapieeinheit) auch sein eigenes Verhalten, um die Übung möglichst nachvollziehbar und den Sinn und Zweck deutlich zu machen.

Formulierungshilfe für die Einführung in die Trichtermethode

»Es wird davon ausgegangen, dass auch unbedeutende Situationen in Form täglicher Widrigkeiten in einem hohen Maße relevant und schmerzvoll sein können, sofern persönliche Themen durch die Situationen aktiviert werden. Anhand einer konkreten Stresssituation werden wir uns wie in diesem Trichter schrittweise in die Tiefe zu diesen persönlichen Themen arbeiten. Dieser Prozess wird auch »tauchen« genannt. Die Stresssituation sollte für Sie immer noch relevant sein, aber kein Konfliktthema in Ihrer Partnerschaft darstellen. Sie könnten bspw. über Ihre Belastung am Arbeitsplatz oder im Zusammenhang mit Ihren sozialen Netzwerken sprechen. Wie Ihnen aus dem Kommunikationstraining bereits bekannt ist, wird es einen Sprecher geben, der über sein Stresserlebnis berichtet, sowie einen Zuhörer, der aktiv und aufmerksam zuhört und hier allerdings den Sprecher auch beim Tauchen in den Trichter unterstützt. Ich werde zunächst die Rolle des Zuhörers übernehmen und für Sie ein Modell bei der Vertiefung sein. Lassen Sie sich davon nicht irritieren, das Gespräch findet dennoch zwischen Ihnen beiden statt. Im weiteren Verlauf wird der zuhörende Partner meine Rolle übernehmen und den Sprecher durch Fragen oder Zusammenfassungen unterstützen.«

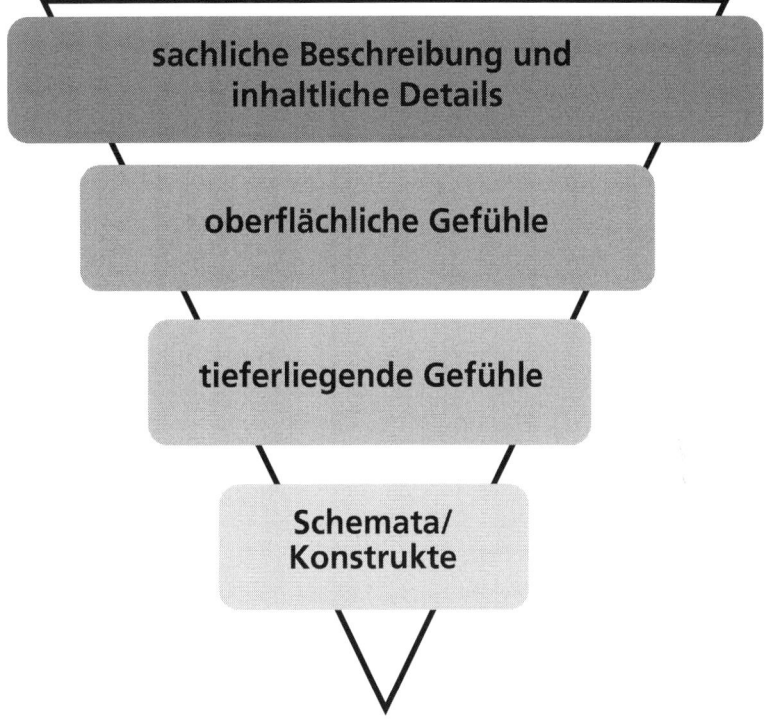

Abb. 5.1: Trichtermethode (in Anlehnung an Bodenmann 2012, S. 144)

In Anlehnung an das Kommunikationstraining werden ein Sprecher und ein Zuhörer mit entsprechenden Verhaltensregeln definiert (zur Wiederholung der Regeln ▶ Kap. 5.1.3). Auch hier ist es hilfreich, diese Regeln auf kleinen Karteikarten zu verschriftlichen und den Partnern für die Übung in die Hand zu geben.

Therapeutenverhalten. Während der Übung orientiert sich der Therapeut an den Regeln des Kommunikationstrainings und achtet darauf, dass zwischen den Partnern der Blickkontakt aufrechterhalten wird und sich ein Gleichgewicht zwischen der Selbstöffnung des Sprechers und dem Zusammenfassen und emotionalen Mitschwingen des Zuhörers einstellt. Sämtliche Fragen sollten mit ruhiger Stimme gestellt und bei Bedarf der Sprechfluss verlangsamt werden (z. B. durch Gesten, lang gedehntes »Mmh«, Zusammenfassungen). Es gilt das Prinzip, dass das Erspüren von Emotionen Zeit benötigt. Der Therapeut ist zunächst mithilfe des Promptings (▶ Kap. 5.1.3) aktiv, coacht das Paar, stellt dem Sprecher zielführende Fragen, lässt den Zuhörer an passender Stelle zusammenfassen, verstärkt und begleitet beide Partner. Im Verlauf tritt er zunehmend in den Hintergrund.

Abschluss und Rollenwechsel. Mithilfe von empathischen Fragen und persönlicher, wertschätzender Rückmeldung wird das »Eintauchen« in die Trichter-Metapher beendet. Der Therapeut fasst noch einmal die wesentlichen Inhalte zusammen (z. B.: »Was wurde an der Oberfläche thematisiert?«, »Welche tieferliegenden Emotionen wurden zugänglich gemacht?«, »Welche Schemata oder Konstrukte wurden durch das Stressereignis aktiviert?«) und gibt abschließend eine Rückmeldung (vgl. positive Eindrücke, positive Dynamik, beobachtbare Entwicklungsfortschritte). Im Anschluss werden die Rollen gewechselt. Zusätzlich sollte der Therapeut Paarstunden für Zuhause vereinbaren, damit das Paar die Methode auch zwischen den Sitzungen vertieft.

3-Phasen-Methode. Die 3-Phasen-Methode gilt als Erweiterung der Trichtermethode und setzt sich aus der emotionalen Stresskommunikation (vgl. 1. Phase, Trichtermethode), der dyadischen Unterstützung (vgl. 2. Phase) und der Rückmeldung bezüglich der Unterstützung (vgl. 3. Phase) zusammen. Da die Trichtermethode die erste Phase darstellt, sollte sie vorher mit dem Paar eingeübt werden. Auf das verbesserte Verständnis für die Stressreaktion des jeweils anderen Partners folgt mithilfe der sich anschließenden beiden Phasen eine Verbesserung des dyadischen Copings.

Phase der emotionalen Stresskommunikation. Während der ersten Phase sollen wieder relativ oberflächliche oder diffuse Stressgefühle geordnet, tieferliegende Gefühle erspürt und der Kern des Problems im Sinne von zentralen Schemata oder Konstrukten herausgearbeitet werden (z. B.: »Erinnern Sie sich bitte an eine Stressepisode, erzählen Sie, wie es Ihnen in der Situation ergangen ist, berichten Sie von Ihren Gefühlen in der Situation.«). Ziel ist es, den Stress des anderen so gut es geht nachvollziehen zu können, und keine voreiligen Unterstützungsangebote zu geben. Sonst besteht die Gefahr der Bagatellisierung und Beschwichtigung bis hin zu einem floskelhaften dyadischen Coping. Diese Phase sollte nicht länger als 30 Minuten dauern.

Phase der dyadischen Unterstützung. In der zweiten Phase wird der Stress zur gemeinsamen Belastungserfahrung. Anhand der Tiefe des Trichters gibt oder formuliert der Zuhörer im Sinne des positiven supportiven dyadischen Copings sein Unterstützungsangebot, das vorrangig emotionsbezogen sein sollte (vgl. Hilfestellung durch den Therapeuten zu Beginn der Phase: »Achten Sie darauf, dass Ihre Unterstützung dem emotionalen Stress Ihres Partners angemessen ist.«, »Nutzen Sie die Unterstützungsformen, die Sie kennengelernt haben«, »Seien Sie echt und geben Sie eine authentische Unterstützung, von der Sie sich vorstellen können, sie Ihrem Partner oder Ihrer Partnerin auch im Alltag geben zu können.«). Mithilfe von empathischem Verständnis und Wertschätzung sollte der Zuhörer zeigen, dass er sich für den Stress des anderen interessiert, dass ihn dieser berührt und die Äußerungen eine entsprechende Resonanz auslösen. Der Therapeut dient hier wieder als Modell und nutzt auch hier die Methoden des Promptings und Shapings, aktiviert und stimuliert das Verhaltensrepertoire des Paares (z. B.: »Wenn Sie Ihren Partner jetzt so sehen/das so hören, was würden Sie am liebsten/im Normalfall tun?«) oder kann als Hilfestellung für den Zuhörer auch zum Perspektivwechsel formulieren (z. B.: »Wenn Sie das so hören, was würden Sie sich anstelle Ihres Partners jetzt wünschen?«). Diese Phase dauert ca. 10 Minuten.

Phase der Rückmeldung. In der dritten Phase gibt der Sprecher eine Rückmeldung zum Unterstützungsangebot des Partners (z. B. »Wie zufriedenstellend war die Unterstützung?«, »Wie wirksam war die Unterstützung?«, »Was hätte ich mir zusätzlich gewünscht?«). Diese Phase sollte ca. fünf Minuten dauern.

»Seite an Seite« – Bewältigung einer gynäkologischen Erkrankung in der Partnerschaft

Die 3-Phasen-Methode bildet das Herzstück des im deutschen Sprachraum etablierten Trainings *Seite an Seite* (Heinrichs und Zimmermann 2008), das für Paare konzipiert wurde, bei denen die Frau an einer gynäkologischen Tumorerkrankung leidet. Das Training setzt sich aus vier inhaltlichen Sitzungen zusammen, in denen das Paar für die Möglichkeiten und Vorteile des positiven supportiven dyadischen Copings sensibilisiert und entsprechend geschult wird. Zusätzlich zeigt das Training, wie BOI sinnvoll in eine kognitiv-verhaltenstherapeutisch ausgerichtete Paarbehandlung integriert werden können.

Sitzung 1

Im Rahmen der ersten Sitzung wird zunächst ein ausführliches Eingangsinterview durchgeführt und ein Überblick über den Aufbau und die Inhalte des Trainings gegeben. Sodann werden Aspekte aus dem Kommunikations- und Reziprozitätstraining aufgegriffen: Das Paar wird mit den Sprecher- und Zuhörerregeln für eine gelungene Kommunikation vertraut gemacht. Mithilfe des Mottos: »Die richtige Balance finden«, wird erarbeitet, dass weder das Schweigen über noch die Fokussierung der Erkrankung als einziges Thema sinnvolle Strategien zur Bewältigung der Erkrankungen sind. Es werden auch die sogenannten *Füreinanderlisten* vorgestellt, eine Abwandlung der bereits in Kapitel 5.1.2 vorgestellten »Schatztruhe«, mit deren Hilfe sich die Partner zwischen Sitzungen gegenseitig Gutes tun.

Sitzung 2

Die zweite Sitzung nutzt kognitive Interventionen, um die sich anschließende 3-Phasen-Methode vorzubereiten. Dem Paar wird über die Ableitung einer individuellen Stressantwort die Bedeutsamkeit der eigenen Gedanken, Gefühle und Verhaltensweisen im Zusammenhang mit der Tumorerkrankung und dem resultierenden Stresserleben verdeutlicht. Zusätzlich werden bewältigende Selbstgespräche als individuelle Copingstrategie vorgestellt. Anschließend wird die 3-Phasen-Methode als ergänzende Bewältigungsstrategie und im Sinne des dyadischen Copings vorgestellt und durchgeführt.

Sitzung 3

Zu Beginn der dritten Sitzung wird die 3-Phasen-Methode wiederholt. Anschließend wird mit dem Paar die Bedeutsamkeit von positiven Aktivitäten und das Aufstellen von Zielen für sich selbst und die Partnerschaft als individuelle und dyadische Bewältigungsstrategie fokussiert. Ebenso bietet die dritte Sitzung Möglichkeiten, den Umgang mit Freunden, Familie und Kindern zu thematisieren.

Sitzung 4

Die vierte Sitzung ist die letzte inhaltliche Sitzung und adressiert Aspekte wie die posttraumatische Reifung (z. B.: »Welche positiven Aspekte hat die Erkrankung?«, »Welche Stärken sind Ihnen bei sich selbst und bei Ihrem Partner aufgefallen?«), aber auch die potenziellen Nebenwirkungen der medizinischen Behandlung im Zusammenhang mit der Tumorerkrankung auf die Sexualität. Gemeinsam mit dem Paar werden nicht nur Tipps bei sexuellen Beschwerden erarbeitet, sondern auch die Bereicherung der Sexualität fokussiert.

5.2 Besondere Herausforderungen

5.2.1 Vergebung von dyadischen Kränkungen

Aufgrund der meist hohen partnerschaftlichen Intimität kommt es in festen langanhaltenden Partnerschaften und Ehen zu verletzenden Äußerungen und kränkenden Verhaltensweisen. Meist werden Kränkungen durch eine Entschuldigung überwunden oder mit der Zeit vergessen. Es gibt aber auch schwerwiegendere Kränkungen, bei denen es einem Partner sehr schwer fällt zu vergeben, z. B. Beleidigungen und Bloßstellungen vor anderen Nahestehenden. Oft führt dies zu einem anhaltenden Rückzug des Partners und – damit verbunden – zu einer Entfremdung des Paares. Während eines Streites werden diese Kränkungen handlungsleitend und ggf. immer wieder zur Sprache gebracht. Meist fühlen sich beide Partner unverstanden und hilflos. Eine besondere Herausforderung für die Aufrechterhaltung einer Partnerschaft stellt daher der Umgang mit derartigen Verletzungen dar, welche unter Umständen mittelbar zur Trennung bzw. Scheidung führen können (Fincham und Beach 2002).

Vergebung von partnerschaftlichen Kränkungen ist definiert als ein motivationaler Prozess, in dessen Verlauf die negativen Gefühle und Gedanken, sowie negatives Verhalten gegenüber dem Verursacher der Verletzung abnehmen, während die Motivation, sich der Person gegenüber wohlwollend zu verhalten, ansteigt (Fincham und Beach 2002; Paleari et al. 2009). Basierend auf dieser Definition wurde die *Marital Offence-Specific Forgiveness Scale* (MOFS; Paleari et al. 2009; dt. Haversath et al. 2017a; Haversath et al. 2017b) entwickelt. Mit je fünf Items werden die Dimensionen »Ärger, Groll, Vermeidung« und »Wohlwollen« erfasst. Die Angaben zur Reliabilität, konvergenten, diskriminanten und faktoriellen Validität sind gut bzw. zufriedenstellend. Es liegen geschlechtsspezifische Normtabellen vor (Haversath et al. 2017b).

Eine höhere Bereitschaft zu vergeben ist mit einer Vielzahl von positiven individuellen und partnerschaftsbezogenen Effekten verbunden: So ist eine höhere Vergebungsbereitschaft mit einer höheren individuellen Lebenszufriedenheit und positivem Affekt assoziiert (Riek und Mania 2012); partnerschaftsbezogen mit einer Reduktion von negativem Affekt gegenüber dem Partner und höherer Beziehungszufriedenheit (McCullough et al. 1998). Obwohl konsistente Ergebnisse darauf hinweisen, dass mit der Bereitschaft zur Vergebung kurzfristig individuelle und interpersonelle Vorteile einhergehen (Berry et al. 2001; Bono et al. 2008; McCullough et al. 1998; vanOyen Witvliet et al. 2001), ist die Befundlage zu den nachhaltigen positiven Auswirkungen von Vergebung noch uneindeutig (Fincham und Beach 2007; Fincham et al. 2007; McNulty 2008; Paleari et al. 2005; Tsang et al. 2006). Jüngere Studien weisen auch kritisch auf negative Konsequenzen von Vergebung hin, da die Bereitschaft, seinem Partner zu vergeben, mit einer erhöhten Wahrscheinlichkeit einhergehen kann, dass der verletzende Partner sich weiterhin verletzend verhält (Luchies et al. 2010; McNulty 2010; McNulty und Russell 2016).

Im Folgenden wird darauf eingegangen, welche Interventionen Vergebung nach partnerschaftlichen Kränkungen fördern können. Um Kränkungen weitgehend während der Behandlung zu vermeiden, ist zu prüfen, ob ausreichende kommunikative Fertigkeiten des Paares vorhanden sind, die ggf. zunächst im Rahmen eines Kommunikationstrainings verbessert werden müssen.

Auseinandersetzung mit Einstellungen zu Vergebung. Zunächst sollte Vergebung als Konstrukt zur Diskussion gestellt werden, um die Auseinandersetzung der Partner mit ihren subjektiven Einstellungen zur Vergebung zu fördern. Durch die Auseinandersetzung mit Definitionen von Vergebung sollen die Partner angeregt werden, ihre subjektiven Einstellungen zur Vergebung mit den wissenschaftlichen Definitionen zu vergleichen.

Beispiele

- Vergebung bedeutet auch Versöhnung bzw. Schlichtung oder Ausgleich.
- Vergebung bedeutet, den Partner zu entschuldigen oder zu sagen, dass das, was geschehen ist, keine Rolle mehr spielt.
- Vergebung bedeutet zu vergessen oder keine Wut mehr bezüglich des Geschehens zu empfinden.
- Vergebung ist schwach.
- Vergebung muss sofort gewährt werden, besonders, wenn sich die Person entschuldigt hat.
- Man sollte bzw. darf dem Partner für bestimmte Arten des Verrats nicht vergeben, z. B. Affären, Gewalt, Lügen...

Bspw. wird Vergebung häufig mit Schwäche bzw. mit dem Glauben assoziiert, dass dadurch das verletzende Verhalten entschuldigt und damit toleriert wird. Diese Überzeugung soll dahingehend modifiziert werden, dass der verletzte Partner zur Vergebung bereit ist, ohne dass dem verletzenden Partner die Verantwortung für sein Verhalten abgesprochen wird. Diese neue Konzeptualisierung von Vergebung soll die Bereitschaft zu Vergeben fördern.

Motivationsklärung. Des Weiteren können die kurz- und langfristigen Konsequenzen von Vergebung bzw. Nicht-Vergeben anhand einer Vier-Felder-Tafel schriftlich gesammelt und diskutiert werden. In diesem Zusammenhang sollte auch die Gefahr thematisiert werden, dass zukünftige Kränkungen nicht ausgeschlossen werden können. Das Ausmaß der Kränkung lässt sich schriftlich skalieren und durch andere (potenzielle) Ereignisse einordnen bzw. in Relation setzen.

Th.: Ich fasse noch einmal zusammen: Besonders gekränkt waren Sie, als Sie mitbekommen haben, dass ihr Mann ihrer Tochter von der Paartherapie erzählt hat: Wie gekränkt waren Sie denn da – auf einer Skala von Eins bis Zehn?

Frau: Oh, das war Neun. (Th. zeichnet eine Gerade und trägt eine Null bzw. eine Zehn an den Endpunkten ein. Er schiebt das Blatt zur Frau und sie trägt die Neun ein.)

Th.: Also: Neun! Und wenn ihre pubertierende Tochter Sie mal wieder beschimpft und sagt: Du bist die blödeste Mutter der Welt! (Information aus dem Erstgespräch) Wie gekränkt sind Sie dann?

Frau: (lacht) Nett ist das nicht von ihr; nun vielleicht eine drei. (Frau schreibt.)

Th.: Und wenn ihr Mann nach Hause kommt, Sie kaum beachtet, keinen Begrüßungskuss gibt und gleich nach dem Essen fragt (Information aus der Anamnese); wie gekränkt sind Sie dann?

Frau: Da würde ich eine Fünf geben. (Frau schreibt.)

Th.: Was muss passieren, dass Sie eine Sieben aufschreiben.

Frau: Neulich hat mich ein Arbeitskollege um einen fachlichen Rat gebeten. Er hat mich dann nach wenigen Sätzen unterbrochen und zwar mit dem Satz: Aha! Das ist Unsinn! Und ist einfach weggegangen. (Th. nickt auffordernd; Frau schreibt.)

Th.: Nun haben Sie ja für die Kränkungen durch ihren Mann keine Zehn vergeben: Was müsste da passieren?

Frau: Wenn sich mein Mann so verhalten würde wie mein Arbeitskollege, dann wäre das eine Zehn – definitiv!

Th.: Mhm, eine Zehn? Ein kleines Gedankenexperiment: Nehmen wir an, es wäre ihre Mutter noch dabei. (Information aus der

	Anamnese) Und ihr Mann sagt: Das ist Unsinn! Wäre das schlimmer?
Frau:	Ja, natürlich!
Mann:	(gleichzeitig) Das würde ich nie wagen!
Th.:	Also, was ist nun eine Kränkung, die einer Zehn entspricht?
Frau:	Wenn meine Mutter dabei ist und mein Mann sagt: Unsinn!
Th.:	Und wenn die Mutter nicht dabei ist?
Frau:	Dann entspricht das einer Neun.
Th.:	Also so, wie das offene Aussprechen der Paartherapie vor Ihrer Tochter?
Frau:	(nachdenklich) Meine Tochter hat ja schon einiges von den Eheproblemen mitbekommen. Nein, ich glaube, mich durch meinen Mann dumm dastehen zu lassen, das wäre schlimmer.
Th.:	Und, wie bewerten Sie jetzt das offene Aussprechen vor Ihrer Tochter?
Frau spricht und schreibt: Sieben.	
Th.:	Also, so wie die Situation mit dem Arbeitskollegen?
Frau:	Ja, schon. Wissen Sie: Ich möchte, dass mein Mann mit mir bespricht, bevor er etwas von uns preisgibt. Ich will ernst genommen werden. Meine Tochter darf ruhig wissen, dass wir hier sind.

Aus der Vier-Felder-Tafel und der Skalierung leiten sich die nächsten Schritte ab, die für einen Vergebungsprozess als notwendig wahrgenommen werden (z. B. »den Boden bereiten«, d. h. dem anderen täglich positive Aufmerksamkeit schenken, indem der Ehemann u. a. einen Begrüßungskuss gibt und für vorbereitetes Essen lobt). Im Sinne eines gemeinsamen Problemlöseprozesses sollten abschließend Vereinbarungen über konkrete Handlungen stehen, die die jeweiligen Partner in den kommenden Tagen erfüllen sollen (z. B. einen Dialog über die Belastungen am Arbeitsplatz der Ehefrau durch ihren Kollegen führen, sodass die Sprecher- und Zuhörer-Fertigkeiten wiederholt werden und der Ehemann auch emotionale Unterstützung leisten kann).

Erarbeitung möglicher Einflussfaktoren auf das verletzende Verhalten. Um die Verletzung aufzuarbeiten und dem Paar einen fundamentalen Zuschreibungsfehler zu veranschaulichen sowie zu modifizieren, sollten bereits frühzeitig die internalen und externalen Bedingungen des verletzenden Verhaltens gezielt exploriert und schriftlich festgehalten werden. Ziel der folgenden kognitiven Technik ist es, die Tendenz des gekränkten Partners, die verletzenden Verhaltensweisen des Partners auf internale, stabile Ursachen, bzw. gleichzeitig die häufige Tendenz des kränkenden Partners, sein Verhalten auf eine externale Ursache zuzuschreiben, zu relativieren und die vielzähligen verhaltenssteuernden Einflussfaktoren in den Fokus beider Partner zu setzen. Um den Partnern die Exploration zu erleichtern, ist es günstig, zunächst Einflussfaktoren zu sammeln, die der Partnerschaft bzw. dem Kontext der Partnerschaft zuzuordnen sind und vor bzw. während des verletzenden Verhaltens bestanden. Erst dann sollte der Einfluss individueller Personenmerkmale, zunächst des verletzenden Partners, sowie die situationalen Bedingungen erarbeitet werden. Abschließend kann auch der Beitrag erfragt werden, den die gekränkte Person ggf. geleistet hat. Die Liste mit möglichen Einflussfaktoren sollte nach gemeinsamen Gesprächen im Alltag durch das Paar ergänzt werden.

Reattribution. Aufbauend auf dieser Liste werden die Partner gebeten, den subjektiv wahrgenommenen prozentualen Einfluss der gesammelten Faktoren einzuschätzen: Dazu malen die Partner ein Tortendiagramm unabhängig voneinander auf, wobei die Größe des Tortenstücks die Einflussstärke des jeweiligen Faktors auf das verletzende Verhalten repräsentiert. Zunächst sollten sie die partnerschaftlichen und kontextuellen Faktoren als Tortenstücke aufzeichnen, bevor die individuellen Faktoren berücksichtigt werden. Anschließend werden die Diagramme der Partner verglichen, wobei auf den fundamentalen Zuschreibungsfehler hingewiesen werden sollte. Im weiteren Verlauf der Sitzungen sind die zentralen Kausalattributionen und partnerschaftsrelevanten Erwartungen anhand der Abweichungen in der Größe der Tortenstücke zu disputieren.

Kasuistik: Streit vor der Tochter

Eine 53-jährige Krankenschwester meldete sich mit ihrem freiberuflich arbeitenden Partner zur Paartherapie an. Im Laufe der Behandlung wurden tiefgehende Verletzungen bei der Frau besprochen; sie

5.2 Besondere Herausforderungen

berichtete, sie fühle sich oft allein gelassen und unverstanden und stünde für ihren Partner immer erst an dritter Stelle. Exemplarisch sei dafür eine Situation im gemeinsamen Urlaub in Moskau, wo sie die Tochter aus erster Ehe des Mannes besucht hätten: Der Urlaub sei schon dadurch belastet gewesen, dass die Frau sich bei der Tochter nicht erwünscht gefühlt habe; die Tochter habe vorgeschlagen, dass sie beide im Hotel wohnten, da ihre Wohnung zu klein sei. Bei einem gemeinsamen Restaurantbesuch am letzten Abend des Urlaubs habe die Tochter erzählt, dass sie bald Besuch von Freunden erwarte, die jedoch auch im Hotel übernachten würden. Der gut gemeinte Rat der Frau, man könne von seinen Freunden doch nicht unbedingt erwarten, ein Hotel zu bezahlen, habe zu einer Diskussion der beiden Frauen geführt und sei schließlich im Streit geendet: Als der Mann die Position seiner Tochter verteidigte, habe die Frau mit einem leichten Fußtritt unter dem Tisch ihrem Partner zu verstehen geben wollen, dass sie sich allein gelassen fühle, doch dieser hätte sie mit seinen Worten noch stärker in eine Ecke gedrängt. Daraufhin sei sie einfach aufgestanden und habe das Restaurant verlassen. Sie sei nochmal zurückgekehrt, um ihr vergessenes Handy zu holen, doch trotzdem habe ihr Mann keine Anstalten gemacht, ihr nachzulaufen oder sie zu unterstützen. Sie sei die ganze Nacht allein durch die fremde Stadt gelaufen, habe sich im Stich gelassen gefühlt und ihren Mann erst am nächsten Tag am Flughafen wiedergesehen. Der Mann berichtete, er habe seine Frau mehrmals auf dem Handy angerufen, sie hätte seine Anrufe jedoch ignoriert. Er habe sich große Sorgen gemacht und sich in der Streit-Situation mit seiner Tochter und seiner Frau hilflos und zu einer Entscheidung zwischen Tochter und Partnerin gedrängt gefühlt. Mit dem Paar wurden zunächst die partnerschaftlichen und situationalen Einflussfaktoren gesammelt. Anschließend wurden die individuellen Personenmerkmale gezielt exploriert und schriftlich festgehalten (▶ Abb. 5.2). Nachdem das Paar außerhalb der Therapiesitzung noch weitere Einflussfaktoren ergänzt hatte, malten die Partner in der nächsten Sitzung jeweils ein Tortendiagramm, bei dem die Größe der einzelnen Tortenstücke die subjektiv wahrgenommene Stärke der einzelnen Einflussfaktoren repräsentierte. Bei beiden Partnern wurde deutlich, dass sie ca. ein Drittel des

Einflusses den situationalen und partnerschaftlichen Faktoren zuschrieben, während ca. zwei Drittel dem jeweils anderen Partner zugeschrieben wurden. Nach der Erläuterung des fundamentalen Zuschreibungsfehlers erkannten die Partner, dass sie die situationalen Einflussfaktoren (z. B. die Erschöpfung durch den langen Tag in einer fremden Stadt, den Einfluss von Alkohol und die Ausgelassenheit durch den schönen gemeinsamen Urlaub) unterschätzt hatten.

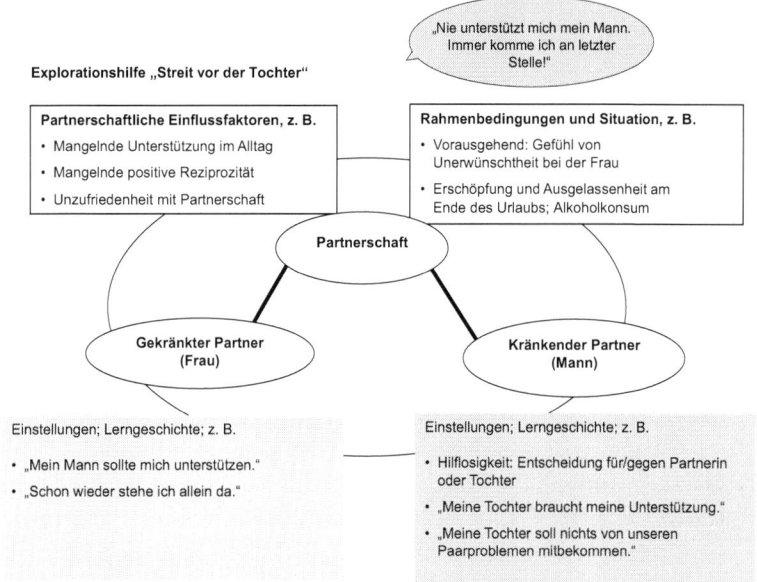

Abb. 5.2: Exploration der Einflussfaktoren des kränkenden Verhaltens

5.2.2 Bewältigung sexueller Außenbeziehung

Für viele Menschen ist Treue ein wichtiger Wert in der aktuellen Partnerschaft (Allensbach 2012). Jedoch zeigt sich, dass 15–26 % der heterosexuellen Frauen und 17–32 % der heterosexuellen Männer sexuelle Kontakte oder Beziehungen mit anderen als dem primären Partner zugaben (Kröger 2006). In einer repräsentativen Befragung zum Sexualverhalten in Deutschland berichteten 17 % der Befragten Außenkontakte während einer Partnerschaft jemals eingegangen zu sein; 7 % berichteten von solchen Kontakten während der aktuellen Partnerschaft (Haversath et al. 2017c).

Die Offenlegung sexueller Außenkontakte hat teilweise erhebliche negative Auswirkungen auf die Partnerschaft und die psychische Gesundheit beider Partner. Beide Partner sind von klinisch relevanten depressiven Symptomen betroffen (Cano und O'Leary 2000). Die betrogenen Partner erleben vielfältige emotionale und psychische Belastungen wie Beschwerden, die vergleichbar mit einer Posttraumatischen Belastungsstörung sind, und reduziertes Selbstvertrauen (Gordon et al. 2004). Zudem ist die Wahrscheinlichkeit für die Trennung des Paares deutlich erhöht (Allen und Atkins 2012; Bodenmann et al. 2002).

In außerpartnerschaftlichen Sexualkontakten wird, wie in der primären Partnerschaft, oftmals auf Kondomgebrauch verzichtet, sodass sexuelle Außenkontakte als Verbreitungsweg von sexuell übertragbaren Erkrankungen gelten (Choi et al. 1994). In der erwähnten Befragung zum Sexualverhalten gaben ungeschützten Geschlechtsverkehr außerhalb der Partnerschaft 5 % einmal sowie 8 % mehr als einmal an, wobei von diesen Personen nur 2 % beim partnerschaftlichen Geschlechtsverkehr immer Kondome nutzten (Haversath et al. 2017c). Es gibt Hinweise, dass ein Großteil der Frauen, die sich mit dem Humanen Immundefizienz-Virus (HIV) infizieren, durch ihren primären Partner infiziert werden (O'Leary 2000).

Nach Einschätzung von US-amerikanischen Paar- und Familientherapeuten gelten die Paare nach Offenlegung einer Außenbeziehung als drittschwierigstes Klientel in der Behandlung – nach Liebesmangel und Alkoholismus (Whisman et al. 1997). Das Vorgehen in der Behandlung von diesen Paaren weicht grundlegend von dem bisherigen ab, wenn auch schon beschriebene Techniken teilweise integriert werden können. Das konkrete Vorgehen nach Baucom et al. (2009) gliedert sich in drei Stufen und wurde für die Anwendung im deutschsprachigen Raum modifiziert:

Sichere Atmosphäre schaffen. In der ersten Stufe sollen zunächst die direkten Auswirkungen der Affäre reduziert werden. Bspw. müssen neue Vereinbarungen über Intimität und Sexualität ausgehandelt werden, die im weiteren Behandlungsverlauf den Bedürfnissen der Partner angepasst werden. Um auf die Gefährdung durch HIV und andere sexuell übertragbare Krankheiten aufmerksam zu machen und ggf. medizinische Untersuchungen zu initiieren, sollte nach der Verwendung von Verhütungsmitteln während der sexuellen Kontakte mit der Außenbeziehung gefragt werden. Eskalationen bei Auseinandersetzungen über die Affäre sind durch ein vereinbartes Stopp-Signal mit anschließender Auszeit möglichst zu verhindern. Um eine sichere Atmosphäre zu schaffen, werden ein Störungsmodell und Strategien der Emotionsregulation (u. a. sich etwas Gutes tun, Bewegung und Sport, soziale und ggf. spirituelle Unterstützung) erarbeitet (siehe Ärger-Management und Auszeit-Regelungen ▶ Kap. 5.2.4).

Wenn eine Trennung von der Außenbeziehung noch nicht vollzogen ist, bedarf es möglicherweise einer konkreten Planung und aktiven Hilfestellung bei der Durchführung der Trennung. Voraussetzung für die Behandlung in der Stufe 2 sollte immer die Beendigung der Außenbeziehung – mindestens in den ersten Sitzungen der Stufe 1 – sein, da ansonsten der verletzte Partner laufend mit belastenden Inhalten im Alltag konfrontiert wird und sich nicht im weiteren Verlauf auf die Interventionen einlassen kann. Leider hat sich herausgestellt, dass die untreuen Partner geschickt darin sind, die Un- bzw. Halbwahrheiten lange – auch vor den Therapeuten – zu vertreten. Daher sollte darauf hingewiesen werden, welche langfristig negativen Auswirkungen weitere Täuschungen auf die Partnerschaft und die Behandlung haben können.

Als Grundlage für die folgende Intervention wird der angemessene Ausdruck von Gedanken und Gefühlen erarbeitet und die Zuhörer- und Sprecherrollen eingeführt (▶ Kap. 5.1.3). Zur Förderung der emotionalen Verarbeitung wird wie in der Behandlung der Posttraumatischen Belastungsstörung die Methode des *expressiven Schreibens* integriert. Beide Partner werden gebeten, einen Brief an den anderen zu schreiben, der allerdings zu diesem Zeitpunkt noch nicht veröffentlicht werden darf, sondern dem Therapeuten zur Analyse der Annahmen und Einstellungen, insbesondere des verletzten Partners, ausgehändigt wird. Personen werden instruiert, ihre Gedanken und Gefühle zu den Auswirkungen der Affäre und ihrer Sichtweise auf die Partnerschaft, den Partner und sich selbst ungestört aufzuschreiben. Die verletzte Person liest einen zweiten Brief seinem Partner und dem Therapeuten vor, sodass anschließend die Beeinträchtigungen und Folgen durch die Affäre exploriert werden können. Währenddessen sollen Annahmen, die intensive, aversive Gefühle auslösen, mithilfe kognitiver Techniken sowie der Informationen und der Perspektive des Untreuen modifiziert werden. Letzterer soll regelmäßig wichtige Gedanken und Gefühle des verletzten Partners zusammenfassen, sodass seine Aufmerksamkeit erhalten bleibt und eine Verantwortungsübernahme gefördert wird.

Dem Ereignis eine Bedeutung geben. In der zweiten Stufe sollen Einflussfaktoren identifiziert werden, die dazu führten, dass ein Partner sich auf eine Affäre eingelassen hat. Ziel ist es, eine ausgewogene Darstellung der Perspektiven beider Partner zu entwickeln und damit eine differenzierte Entscheidungshilfe zu geben, ob die Beziehung beendet oder weitergeführt werden soll. Um das empathische Verstehen der verletzten Person zu erhöhen, wird der Exploration der Einflussfaktoren eine kognitive Vorbereitung vorangestellt: Dabei wird ein Perspektivwechsel angestrebt und ggf. negative Attributionen modifiziert. Wenn die verletzte Person es erlaubt, kann sie imaginativ die Rolle des untreuen Partners einnehmen, um seine Gefühle und Gedanken nachzuempfinden. Direkt im Anschluss sollten beide Partner detailliert ihre Gedanken und Gefühle beschreiben, um partnerschaftliche, kontextuelle sowie individuelle Faktoren zu entdecken und zu sammeln.

Empathie fördern

Hilfreiche Fragen sind:

1. Haben Sie eine geliebte Person gekannt, die eine schlechte Entscheidung getroffen und andere damit verletzt hat?
2. Haben Sie selbst mal darum gerungen, den »richtigen Weg« zu gehen? Haben Sie selbst den Weg verfehlt? Wenn nicht, was gab Ihnen Kraft, der Versuchung zu widerstehen? Was machte Sie in ihrer Entwicklung so stark? Was würde passieren, wenn ihre Lebensgeschichte anders verlaufen sei – wenn Bedürfnisse oder Wünsche stärker oder wenn ihr Widerstand schwächer ausgeprägt gewesen wäre?

3. Waren Sie in der Vergangenheit irgendwann einmal enttäuscht worden? Was verlangte es von Ihnen ab, verstehen zu können, wie die andere Person dazu kam, Sie zu enttäuschen? Wie fühlte sich das Verständnis zuerst an?
4. Haben Sie jemanden in der Vergangenheit enttäuscht? Was verlangte es von der Person ab, Sie verstehen zu können, wie Sie dazu kamen, den anderen zu enttäuschen? Wie fühlte es sich zuerst an, dass jemand das Verständnis erreicht hatte?
5. Ich möchte Sie bitten, so gut es Ihnen jetzt möglich ist, sich vorzustellen, dass Sie (Name einfügen) sind. Wenn es hilfreich ist, können Sie auch ihre Augen schließen und sich vorstellen, wie Sie an der Stelle sitzen, wo jetzt gerade ihr Partner sitzt. Ich möchte Sie bitten, mir so gut es geht zu erzählen, was Sie jetzt denken und fühlen. Sie müssen nicht richtig liegen, ich möchte nur, dass Sie sich so gut wie möglich seine/ihre Position vorstellen – mit seinen/ihren Gedanken und Gefühlen. Helfen Sie mir, seine/ihre Gedanken und Gefühle zu verstehen!

Die Exploration der Einflussfaktoren schließt mit dem Verlesen eines zweiten Briefes des untreuen Partners, der dabei in angemessener Weise Verantwortung für seine Entscheidungen und Verhaltensweisen übernehmen soll. Die abschließende ausführliche Rückmeldung durch den Therapeuten an das Paar verdeutlicht noch einmal anschaulich alle explorierten Einflussfaktoren und deren Zusammenhänge (▶ Tab. 5.2).

Anschließend sollen beide Partner die Veränderungsbereitschaft und -möglichkeiten der eigenen Person wie die des Partners einschätzen und eine Entscheidung für bzw. gegen eine Weiterführung der Partnerschaft treffen (▶ Kap. 4.1.4, Bilanzierung).

Vorwärts gehen. In der dritten Stufe soll die Zufriedenheit mit der Partnerschaft langfristig gesichert werden. Dazu werden aus dem Behandlungsverlauf ein Vergebungskonzept abgeleitet und hinderliche Einstellungen zur Vergebung anschließend disputiert. Weitere Interventionen leiten sich aus den identifizierten Einflussfaktoren ab. Eventuell muss das Vertrauen weiter aufgebaut werden, indem die verletzte Person subjektive Risiken wieder eingeht. Auch andere Techniken wie das

Kommunikations- und Problemlösetraining oder Maßnahmen zur Förderung der Intimität und Sexualität können indiziert sein.

Tab. 5.2: Einflussfaktoren der Außenbeziehung

♂	♀
Rahmenbedingung	
• teilweise Wochenendbeziehung • viele Reisetage • viele Hotelaufenthalte	• finanzielle Engpässe • »Ich habe die Erziehung der Kinder allein geschultert.«
Individuelle Faktoren	
• Einsamkeit und sexuelle Deprivation • Regel: »Ich muss gut dastehen!« (→ häufiges Tricksen und Lügen)	• OP nach Schwangerschaft • sexuelle Initiative und Libido ↓ • Wiederholte depressive Verstimmungen • religiöse Sozialisation: fester Entschluss; »Das kann mir/uns nicht passieren!«
Partnerschaftliche Faktoren	
• Beziehungskonto, geschätztes Verhältnis (2 : 1), Koitusfrequenz ↓ (einmal pro Monat) • mangelnde (1) partnerschaftliche, (2) bedürfnisorientierte und (3) sexuelle Kommunikation • mangelnde effektive (4) Problemlösung im Alltag (→ Problemstau)	
Faktoren zu Beginn der Affäre	
• Müdigkeit/Erschöpfung nach der Arbeit • Sex = kurzfristige Entspannungsmöglichkeit • Alkohol getrunken, »Gelegenheit« an der Hotelbar genutzt	• gutes Team in der Öffentlichkeit • aber emotionale Entfremdung • keine Nachfragen

Evaluation. In einer randomisierten, kontrollierten Studie (RCT) zeigte sich, dass die ängstlichen, den posttraumatisch-ähnlichen Beschwerden bei beiden Partnern mit großen Effekten reduziert werden konnten (Kröger et al. 2012). Nur bei den untreuen Partnern zeigte sich auch ein Effekt auf die depressive Symptomatik. Keine anhaltenden Effekte zeigten sich hinsichtlich Partnerschaftszufriedenheit. Die Ergebnisse weisen darauf hin, dass zwar die individuelle Symptomatik verbessert werden konnte, weitere Forschung aber hinsichtlich Interventionen zur Förderung der Partnerschaftszufriedenheit unternommen werden müssen.

5.2.3 Förderung und Bereicherung der Sexualität

Gerade weil Sexualität mit großem Vergnügen, Genuss und Freude assoziiert ist, kann dieser Lebensbereich gleichzeitig auch ein ständiger Herd von Unzufriedenheit in Partnerschaften sein. Aus der Liberalisierung und gleichzeitigen Tabuisierung von Sexualität resultieren oftmals Verunsicherung und Überforderung, sodass Enttäuschungen, Verletzungen oder gar traumatische Erfahrungen zum Alltag vieler Beziehungen gehören. Weiterhin wird Zufriedenheit mit der Sexualität in der Öffentlichkeit häufig anhand der Koitusfrequenz gemessen. Andere Sexualpraktiken werden vernachlässigt, obwohl diese in der Realität eine vergleichbar große Rolle spielen. Bspw. berichteten die Teilnehmer einer für die deutsche Allgemeinbevölkerung repräsentativen Befragung, dass ca. 88 % der Personen jemals Vaginalverkehr und etwa die Hälfte der Männer und Frauen auch aktiven oder passiven Oralverkehr praktizierten. Mit etwas weniger als 20 % zählen auch aktiver Analverkehr bei Männern und passiver Analverkehr bei Frauen zum allgemeinen sexuellen Verhaltensrepertoire (Haversath et al. 2017c). Weitere Untersuchungen zum sexuellen Verlangen und entsprechender sexueller Aktivität bei Männern und Frauen aus 2005 und 2016 zeigen, dass beide Geschlechter, sofern sie in einer Partnerschaft leben, über sexuelles Verlangen und sexuelle Aktivität bis ins hohe Erwachsenenalter berichten (vgl. Frauen bis zum 60. Lebensjahr, Burghardt et al. 2020; Männer bis zum 70. Lebensjahr, Beutel et al. 2018). Im Vergleich dazu berichten Frauen und Männer ohne Partnerschaft über ein deutlich reduziertes sexuelles Verhalten und geringere sexuelle Aktivität. Wenngleich es sich nicht um Längsschnittstudien handelt, weisen die Ergebnisse weiterhin auf eine allgemeine Reduktion des sexuellen Verlangens und der sexuellen Attraktivität bei Männern und Frauen im jungen und mittleren Erwachsenenalter hin, wobei gleichzeitig auch deutlich weniger Personen in Partnerschaft leben.

Die *sexuelle Zufriedenheit* beschreibt letztlich die subjektive Bewertung des Einzelnen. Selbst wenn kein oder selten Geschlechtsverkehr stattfindet, können beide oder nur ein Partner aufgrund von ausgetauschten Zärtlichkeiten sexuell zufrieden sein. Insbesondere mit der Partnerschaft unzufriedene Paare erleben meistens auch ihr Sexualleben als wenig erfüllend oder sogar sehr belastend, ohne eine sexuelle Funktionsstörung aufzuweisen.

Gleichzeitig scheinen Veränderung im Verlauf langjähriger Partnerschaften ein natürliches Phänomen und ein gewisses Ausmaß an Beeinträchtigung normal zu sein (Schmidt et al. 2004; ausführlich Starke 2005). Nach dem *Honeymoon* kommt es in den ersten sechs Beziehungsjahren zu einer deutlichen Abnahme der Koitusfrequenz, die in den folgenden 25 Jahren bei fünf Mal in vier Wochen mit breiter Varianz stabil bleibt. Die partnerschaftliche Zufriedenheit verläuft parallel mit der sexuellen Zufriedenheit. Zärtlichkeiten nehmen zwar in Abhängigkeit der Beziehungsdauer ab, haben aber für Männer und Frauen gleichermaßen eine hohe Bedeutung. Frauen leiden zwar stärker unter mangelnder Zärtlichkeit. Männer wünschen sich stattdessen mehr Initiative und häufigeren Koitus. Geringes Interesse bei sich oder dem Partner, ein zu kurzes Vor- oder Nachspiel oder fehlende Entspannung sind häufig beklagte Beschwerden.

Mit sexueller Zufriedenheit sind weiterhin verschiedene Konstrukte eng assoziiert. In einer prospektiven Studie konnte die Ehezufriedenheit die sexuelle Zufriedenheit nach zwei Jahren bei beiden Geschlechtern vorhersagen (Henderson-King und Veroff 1994). Paare, die sich zu einer Paartherapie gemeldet hatten, gaben zu 72 % an, mit ihrem Sexualleben unzufrieden zu sein (Hahlweg 1986). Unzufriedenheit mit dem sexuellen Erleben und Verhalten besteht aber auch bei Paaren, die mit ihrer Partnerschaft oder Ehe ansonsten zufrieden sind. Ein Drittel der mit ihrer Partnerschaft global zufriedenen Männer und ein Fünftel der zufriedenen Frauen gaben in Querschnittsuntersuchungen sexuelle Unzufriedenheit an (Frank et al. 1978; Schröder et al. 1994). Das Wissen über die Sexualität ist ein weiterer Einflussfaktor. In einer Fragebogenuntersuchung gaben sexuell zufriedene Frauen im Vergleich zu unzufriedenen an, mehr über die eigene Sexualität wie über die ihres Partners zu wissen (Büsing et al. 2001). In einer anderen Studie war hingegen geringes Wissen über die sexuellen Präferenzen des Partners bei Paaren mit sexuellen Funktionseinschränkungen höher als bei nicht beeinträchtigten Paaren (Hoch et al. 1981). In korrelativen Untersuchungen gibt es Hinweise, dass die sexuelle Zufriedenheit entscheidend durch die sexuelle Kommunikation moderiert wird (Büsing et al. 2001; Cupach und Comstock 1990; Ferroni und Taffe 1997; Fliegel et al. 1984). Kommunikation scheint auch eine wichtige Bewältigungsstrategie für Paare, insbesondere bei Frauen, für unterschiedlich stark ausgeprägtes sexuelles Verlangen zu sein (Herbenick et al. 2014).

Wenn Paare von sexueller Unzufriedenheit und Funktionseinschränkungen oder -störungen berichten, muss anhand von klinischer Erfahrung abgewogen werden, welche Behandlung im konkreten Einzelfall eine schnelle Veränderungs- und höhere Erfolgswahrscheinlichkeit hat (vgl. ausführlich Kröger 2006). Hilfreiche *Fragen zur Sexualität* können aus dem Interviewleitfaden für Paare von Hoyndorf et al. (1995; S. 33) entnommen werden:

- Welche Probleme mit der sexuellen Erregung und dem Erreichen des Höhepunkts kennen Sie?
- Was ist für Sie guter Sex?
- Wenn es allein nach Ihnen ginge, wie sollte die Sexualität sein?
- Wer ergreift bei Ihnen in der Regel die Initiative zum Sex?
- Wie bringen Sie zum Ausdruck, wenn Sie sexuelle Wünsche haben? Wie schwer ist das für Sie?
- Was tun Sie, wenn Sie keine Lust haben, aber ihr Partner gerne sexuell aktiv sein möchte?
- Wie reagieren Sie, wenn Sie Lust haben, aber ihr Partner keine Lust hat?
- Kam es schon zu Druck oder Bedrängen, damit Sex stattfindet?

Aus der subjektiven Gewichtung der Problembereiche sowie der unten beschriebenen Indikationsdiagnostik lässt sich in der Mehrzahl der Therapien eine klare Indikationsentscheidung treffen. Wenn erhebliche partnerschaftliche Auseinandersetzungen als gemeinsame aufrechterhaltende Bedingung für sexuelle wie partnerschaftliche Unzufriedenheit bestehen, sollten vor der Sexualtherapie ein Kommunikations- und Problemlösetraining durchgeführt werden.

> **Der romantische Abend**
>
> Ein Verhaltenstest kann Klarheit schaffen: Den Partnern wird jeweils als Hausaufgabe die Gestaltung eines *romantischen Abends* aufgegeben, der ausdrücklich sexuelles Verhalten einschließen soll. Anschließend werden Hindernisse während der Planung und Durchführung des Abends exploriert und bewertet.

Im Verlauf einer erfolgreichen Paartherapie tritt mit zunehmender Zufriedenheit mit der Partnerschaft auch die körperliche Nähe, Intimität und Sexualität wieder ein. Andere Paare leiden unter einer körperlichen Entfremdung oder Langeweile. Eine Hemmschwelle aus Scham und Angst vor Zurückweisung hat sich aufgebaut, auch wenn in der Vergangenheit eine erfüllte Sexualität gemeinsam gelebt wurde und auch das Verlangen (wieder) besteht. *Sexualtherapeutische Interventionen* werden häufig gegen Ende kognitiv-behavioral orientierter Präventionsprogramme (z. B. EPL, Thurmaier et al. 2015) oder paartherapeutischen Behandlungen eingebaut (z. B. Schindler et al. 2019), die langfristig zur Ehezufriedenheit beitragen sollen.

Dem *Prinzip der minimalen Intervention* folgend (Kanfer et al. 2012), orientiert sich der anschließende sexualtherapeutische Baustein von drei bis fünf Sitzungen an dem in der Sexualberatung und -therapie verbreiteten *Mehr-Ebenen-Konzept PLISSIT* (Annon 1974):

- Permission = Erlaubnis geben
- Limited Information = Informationsvermittlung
- Specific Suggestions = konkrete Vorschläge machen
- Intensive Therapy = intensive Therapie

Je nach Ausmaß der Beeinträchtigung sind Interventionen auf der höheren Stufe indiziert. Im Rahmen der Paartherapie kommen insbesondere Interventionen der drei ersten Stufen in Betracht, die der Sexualberatung zugeordnet werden (Buddeberg 1987). Insgesamt lassen sich für sexualtherapeutische Bausteine folgende inhaltliche Ziele ableiten:

- Abbau von Angst und Scham im Zusammenhang mit Sexualität
- Wissen über die eigene Sexualität und die des Partners erweitern
- Veränderung von Einstellungen und Erwartungen zur Sexualität
- angemessene Kommunikation über Sexualität und während der sexuellen Begegnung
- Steigerung der Häufigkeit sexueller Kontakte
- Steigerung der Kreativität in den sexuellen Kontakten

Sexualanamnese. Nach einem Bilanzgespräch zum bisherigen Therapieverlauf, idealerweise kombiniert mit einer Zwischenmessung, beginnen sexualtherapeutische Interventionen in der Regel mit einer Sexualanamnese (vgl. Hartmann 2018; Maß und Bauer 2016). Bereits Masters und Johnson (1970) waren davon überzeugt, dass hierbei neben der sexuellen (Vor-)Geschichte auch medizinische und psychosoziale Aspekte erfragt werden sollten, um ein ganzheitliches Verständnis der Person und Problematik zu erhalten. Aus den erhobenen Informationen sollten die aktuellen Beeinträchtigungen, ggf. auch Störungen, deren aufrechterhaltende Bedingungen sowie Entstehungs- und Entwicklungsgeschichte ableiten lassen. Folgendes sollte erfasst werden:

- Konkrete Beschreibung der Beeinträchtigung und ggf. Prüfung der Kriterien einer Funktionsstörung (vgl. Beginn, Dauer, Veränderung über die Zeit, aktueller Schweregrad)
- Assoziation mit anderen sexuellen bzw. partnerschaftlichen Problemen
- Veränderungen genitaler Empfindungen (insbesondere bei Schmerzen)
- Psychosoziale Aspekte (z. B. berufliche und allgemeine Lebenssituation, allgemeines psychische und körperliche Wohlbefinden, Bewältigungsverhalten und Erwartungen im Hinblick auf Sexualität und die Interventionen).

Mithilfe dieser Punkte soll nicht nur eine diagnostische Einschätzung der Beeinträchtigung(en) gewährleistet werden. Sie dienen auch dazu Hypothesen aufzustellen bzw. ein individuelles Störungsmodell zu entwickeln und eine Beratungs- oder ggf. Behandlungsempfehlung sowie prognostische Einschätzung zu geben. Mittlerweile existieren verschiedene *Leitfäden*, die als Orientierungshilfen bei der Durchführung einer Sexualanamnese genutzt werden können (vgl. Arentevicz und Schmidt 1993; Hauch 2013; Hartmann 2018; sexuelle Funktionsstörungen beim Mann: Kockott und Fahrner 2000; sexuelle Funktionsstörungen bei der Frau: Gromus 2005; Velten 2018).

Therapeutenverhalten. Für den Therapeuten ist ein genaues Verständnis der bestehenden sexuellen Probleme und deren Funktion im Rahmen der Partnerschaft unerlässlich, um gemeinsam mit dem Paar sexualtherapeutische Interventionen zielorientiert und zeitökonomisch planen zu können. Mithilfe einer »naiven« Therapeutenposition wird es möglich, auch heikle Themen proaktiv anzusprechen und dem Paar Brücken zum angst- und schamfreien Berichten über sexuelle Schwierigkeiten zu bauen. Für einen gelungenen Einstieg in die Sexualanamnese ist nicht nur wichtig, die richtige Sprache zu finden, sondern sich im Rahmen der Exploration auch immer wieder die Zustimmung des Paares einzuholen (z. B.: »Ist es in Ordnung, wenn ich hier nochmal genauer nachfrage?«). Die Sprachlosigkeit einiger Paare ist oftmals dem Beisein des anderen geschuldet, sodass zu Beginn der sexualtherapeutischen Intervention Einzelgespräche empfohlen werden.

Herausforderung für den Therapeuten

Neben der Fachkenntnis sexualwissenschaftlicher Grundlagen sollte der Therapeut selbst unbefangen, konkret und rücksichtsvoll über sexuelle Inhalte sprechen können. Die eigene Schamgrenze und Unsicherheiten müssen vorher reduziert werden, z. B. im Rahmen einer themenspezifischen Selbsterfahrung. Das eigene Wertesystem muss mehr als bei anderen Inhalten flexibel genug sein, das Erleben und Verhalten anderer zu akzeptieren. Das sprachliche Modellverhalten sollte konkret eingeübt werden. Generell bedarf es einer Vorberei-

> tung angehender Therapeuten auf den Umgang mit Sexualität in der Psychotherapie (Pope et al. 1993).

In der vertrauensvollen und sicheren Atmosphäre positioniert sich der Therapeut als aktiver, nicht-wertender Zuhörer und gibt an passender Stelle Erklärungen oder andere non-verbale Rückmeldungen. Als kompetenter Ansprechpartner bietet er dem Paar eine Grundlage für korrigierende Erfahrungen und verfolgt bereits im Rahmen der Sexualanamnese das Prinzip *Verändern durch Verstehen* (Hartmann 2018). Um Klarheit und Präzision zu schaffen, können darüber hinaus auch Verbalisierungshilfen gegeben und sexuelle Probleme selbst beschrieben werden. Vom Paar sollten dann Bestätigungen oder Ergänzungen eingeholt werden.

> **Umgang mit Schamreaktionen**
>
> Bei stärkeren Schamreaktionen hilft es, die beobachteten Schwierigkeiten zu normalisieren, die bisher explorierten Inhalte zusammenzufassen, um Erlaubnis zu bitten und dann mit einer präzisen Frage selbstverständlich weiterzumachen. Das Abbrechen der Exploration in Angst oder Scham besetzten Situationen verhindert eine Habituation und erhöht die Erwartungsangst in zukünftigen Sitzungen. Zudem wird der Abbruch anschließend häufig als Misserfolg attribuiert.

Als hilfreich hat sich grundsätzlich erwiesen, dass Therapeuten als Erstes sexuelle Inhalte konkret, sachlich und verständlich ansprechen und benennen. Grundsätzlich sollten selbst offenbarende Äußerungen kontingent(!) durch kurze verbale Einwürfe (z. B. »gut«, »ja«) oder Gesten (z. B. nicken) verstärkt werden, auch und gerade dann, wenn die Äußerungen beim anderen Partner negative Gefühle aktivieren. Der Therapeut nutzt die idealerweise bereits bekannten Kommunikationsregeln und wirkt damit von Beginn an als Modell. Leichte Angst- oder Schamreaktionen sollten ignoriert werden.

Erlaubnis geben und Beschwerden normalisieren. Für viele ist es beruhigend zu erfahren, dass bspw. Selbstbefriedigung in der Partnerschaft, sexuelle Fantasien am Tage oder sexuelle Aktivitäten im Alter bzw. deren Beendigung häufig vorkommen und als Teil der eigenen Sexualität gelebt werden dürfen. Bestehende sexuelle Beschwerden sollten daher vom Therapeuten aktiv normalisiert, aber nicht bagatellisiert werden. Hierfür eignen sich kurze, psychoedukativ angelegte Äußerungen, die sich z. B. auf die Häufigkeit von Funktionseinschränkungen in glücklichen Partnerschaften beziehen oder die evolutionsbiologische Funktion sexueller Störungen aufgreifen.

> **Beispiele für die Normalisierung**
>
> »Wie andere Bereiche auch, unterliegt die Sexualität Schwankungen in Abhängigkeit von äußeren Stressoren, dem Lebensalter und der lebensgeschichtlichen bzw. partnerschaftlichen Entwicklung.«
> »In vielen langjährigen Partnerschaften treten im Bereich der Sexualität Schwierigkeiten auf. Ich habe Ihnen mal eine Tabelle aus einer Studie mitgebracht; da sehen Sie wie unterschiedlich sich Menschen Verhalten.«
> »Unser Körper reagiert adaptiv und hemmt die Fortpflanzung.«

Informationsvermittlung. Viele Missverständnisse zwischen Partnern resultieren aus einem mangelnden Wissen und fehlenden Austausch über Sexualität. Mithilfe von psychoedukativ angelegten Therapieeinheiten und gezielt eingeführten Informationen setzt der Therapeut an diesen Wissenslücken an und fördert die Akzeptanz und Normalisierung von Beschwerden aufseiten des Paares. Die sexualpädagogische Informationsvermittlung kann sich hierbei je nach Paar auf anatomische Aspekte und sexuelle Reaktionszyklen beziehen, individuelle Voraussetzungen für eine befriedigende Sexualität abbilden oder die Bedeutsamkeit sexueller Fantasien erläutern. Während der Sitzungen können sexualmedizinische Grundlagen bspw. mithilfe von Abbildungen (z. B. in Hanel 1998; Hoyndorf et al. 1995) oder Videoausschnitten (Desirat und Herrath 1992) vermittelt werden. Zusätzlich können themenspezifische Bücher und *Pa-*

tientenratgeber genutzt werden. Als Hausaufgabe sollte angeregt werden, dass sich das Paar ein ausgewähltes Buch zum Thema gegenseitig vorließt. Neben der *Anleitung zur sexuellen Unzufriedenheit* vom Kabarettisten Bernhard Ludwig (2002) eigenen sich auch zahlreiche andere Bücher, die der sexuellen Aufklärung dienen oder bei sexuellen Funktionsstörungen Therapie begleitend eingesetzt werden (z. B. Barbach 2004; Gromus 2005; Fliegel und Veith 2010; Zilbergeld 2000).

Viele Paare sind auch davon überzeugt, dass Sexualität wie »von selbst« funktionieren muss, sodass die infolge von Störungen auftretende Beunruhigung langfristig nicht nur die Partnerschaft (»Was stimmt mit uns nicht?«, »So läuft doch keine normale Partnerschaft«), sondern auch die eigene Person (»Was stimmt mit mir nicht?«) infrage stellt. Dem sollte der Therapeut mit der Annahme einer partnerschaftlichen sexuellen Kultur begegnen, die jedes Paar für sich entwickeln muss. Hierbei gelten folgende Prämissen, die dem Paar vermittelt werden sollten:

- Die Initiative des Einzelnen und die Kooperation des Paares (als Team) bestimmt, ob der Bereich der Sexualität wiederbelebt wird.
- Ein erfülltes Sexualleben kann nur erreicht werden, wenn geplant, gestaltet und Neues erprobt wird.
- Wer in langfristigen Partnerschaften Höhen in seinem Sexualleben erfahren will, muss auch bereit sein, »Alltagssex« regelmäßig zu initiieren.

Einer der ersten Schritte besteht darin, Gelegenheiten im Alltag zu suchen, in denen Zärtlichkeiten wie Blicke, kurze zärtliche Berührungen oder erotische Anspielungen gezeigt werden können. Ungestörte Zeiträume für erotisch-sexuelles Verhalten sollten anschließend in den Wochenablauf eingeplant werden.

Förderung der sexuellen Kommunikation. In den meisten Partnerschaften ist das gemeinsame Gespräch über Sexualität und während sexueller Begegnungen kaum ausgeprägt und wenig geübt. Um die sexuelle Kommunikation zu fördern, kann das herkömmliche Kommunikationstraining um Abschnitte zur sexuellen Kommunikation erweitert werden. Zunächst sollte die Kommunikation über Sexualität geübt werden. In

Anlehnung an das Präventionsprogramm EPL (Thurmaier et al. 2015) können Karten mit wichtigen Begriffen zur Sexualität den Paaren ausgehändigt werden, aus denen sie ein gemeinsames Haus legen sollen. Karten mit Begriffen, die eine hohe Bedeutung für das Paar haben, werden als Grundmauern gelegt; weniger wichtige Begriffe bilden die Zwischenwände oder das Dach. Unter Einhaltung der Kommunikationsregeln sollen sich die Paare währenddessen über Werte und Erwartungen austauschen. Anschließend steht die Kommunikation während sexueller Begegnungen im Vordergrund. Als niedrigschwelliger Einstieg können gegenseitige Rückenmassagen genutzt werden, an denen das Paar die wechselseitige Kommunikation während körperlicher Kontakte übt und später auf sexuelle Kontakte überträgt. Der Therapeut leitet das Paar an, folgende Aspekte besonders zu berücksichtigen:

- Die Wahrnehmung von (sexuellen) Präferenzen des Partners (»Ich glaube, dass Du magst/abgeturnt wirst, wenn…«),
- Das konkrete Äußern von eigenen (sexuellen) Präferenzen (»Gut tut mir, wenn Du…«, »Wenn Du mich etwas kräftiger streichelst, dann kitzelt es nicht mehr.«, »Mich erregt…«) und
- Konkrete, positiv formulierte Rückmeldung über sexuelles Erleben und Verhalten (von: »Stopp, das mag ich nicht« hin zu: »Etwas kräftiger und gleichmäßiger ist besser für mich!… Sehr gut! …. Mach das noch ein bisschen weiter so.«).

In einem anschließenden Paargespräch sollten sexuelle Präferenzen und »Lustkiller« (z. B. mangelnde Körperhygiene, Alkohol- oder Tabakfahne) zum Thema gemacht werden. Weiterhin sollte in Rollenspielen geübt werden, wie sexuelle Initiativen eindeutig ergriffen (»Mäuschen, heute würde ich dich gerne vernaschen!«) und diese oder andere sexuelle Verhaltensweisen abgelehnt werden können (»Ich möchte heute nicht in dich eindringen. Aber schön fände ich, wenn wir kuscheln und ich dabei zusehen darf, wie Du kommst.«). Dabei müssen eventuell hinderliche Gedanken modifiziert und alternative Verhaltensweisen bei beiden Partnern angeregt werden (z. B. Selbstbefriedigung, oraler Sex statt vaginaler Verkehr). Die eingeübten Fertigkeiten sollten als Hausaufgaben weitergeführt und im Alltag erprobt werden. Zur Vertiefung und Generalisierung von Kommunikationsfertigkeiten bietet sich das Spiel »BeziehungsKiste« an, das anhand von Fragen den partnerschaftlichen Austausch fördert (Hirschi und Troxler 2001).

Veränderung von Einstellungen zur Sexualität. Gesellschaftliche Vorstellungen über Sexualität geben Orientierung und Sicherheit für geschlechtsrollenkonformes Verhalten. Seit der sexuellen Revolution unterliegen Normen und Stereotype aber einem ständigen Wandel. Zudem ist das Wissen über Sexualität in der Allgemeinbevölkerung zwar angestiegen. Gleichzeitig fördern Medien, erotische Literatur, Pornografie, aber auch Beschäftigte im Sozial- und Gesundheitsbereich oftmals dysfunktionale Konzepte. Diese Konzepte halten sich in Form von sexuellen Mythen, die Paare an einer erfüllten Sexualität hindern und in sexualtherapeutischen Interventionen korrigiert werden.

Es handelt sich bei diesen *Mythen* zusammengefasst entweder um gedankliche Verzerrungen oder geschlechtsspezifische Stereotype (vgl. Barbach 2004; Zilbergeld 2000):

1. Sexualität wird häufig zu eng an die partnerschaftliche Zufriedenheit oder Liebe gekoppelt (»Wer wirklich liebt, will häufig Sex – mindestens zwei- bis dreimal in der Woche – und erlebt auch (multiple und gigantische) Orgasmen. Mein Partner sollte daher ebenso viel und häufig Lust auf Sex haben wie ich!«).
2. Das individuelle Verhalten und Erleben beider Geschlechter werden normativ stark eingeengt (»Männer können und wollen jederzeit. Sex ist gleich Geschlechtsverkehr. Ein wirklicher Mann mag keinen Weiberkram wie Gefühle und Reden. Frauen kommen durch den (geeigneten) Penis zum Orgasmus! Sie sind weniger am Sex interessiert und besitzen ein geringeres Wissen, sodass sie die Führung den Männern überlassen sollten.«)

Kurze Informationsvermittlungen, oftmals schon das Entlarven der eigenen Annahmen und Erwartungen mithilfe prononcierter Zusammenfassungen als Mythos, helfen den meisten Paaren, hinderliche Einstellungen und Erwartungen zu korrigieren. Hingegen weisen rigide Einstellungen oder starre gedankliche Verzerrungen auf eine Funktionalität in der Partnerschaft bzw. in der individuellen Lebensgeschichte oder auf eine sexuelle Funktionsstörung hin (z. B. Fahrner und Kokott 2003; Hoyndorf et al. 1995; Rosen et al. 1994). Die Bearbeitung mit kognitiven Techniken überschreitet meist die Grenzen des sexualtherapeutischen Bausteins in der Paartherapie und macht eine Sexual- oder auch Einzeltherapie erforderlich.

Förderung der sexuellen Kreativität. Im Laufe seines Lebens entwickelt jeder unter dem Einfluss Gleichaltriger und Partner, der Medien, familiärer Modelle und gesellschaftlicher Normen ein individuelles sexuelles Drehbuch. Die Informationsverarbeitung sexuell wahrgenommener Stimuli und Handlungsentwürfe werden in dem Konzept des sexuellen Skripts zusammengefasst, das durch vier Aspekte charakterisiert wird (Gagnon et al. 1982; Mosher 1980; Rosen und Leiblum 1988):

1. Die Komplexität eines Skripts (z. B. die Möglichkeiten des Vorspiels, die Anzahl der Partner oder die Variation der sexuellen Techniken)
2. Die Rigidität des Skripts (z. B. kann in langjährigen Partnerschaften eine Routine einerseits zu Sicherheit, andererseits zu Langeweile und Desinteresse führen)
3. Die sexuelle Zufriedenheit (z. B. infolge der hohen Übereinstimmung zwischen Skripten, tatsächlich erlebten Handlungen, Akzeptanz von Diskrepanzen)
4. Die Konventionalität der Skripte

Eine Kenntnis der individuellen sexuellen Skripte ist wichtig, um Veränderungen zu initiieren, die für beide Partner akzeptabel und realistisch sind. Zur Vorbereitung werden zunächst positive Erfahrungen und schon bestehende Ausnahmen besonders herausgearbeitet (z. B. »Was war meine schönste sexuelle Erfahrung?«, »Was waren die Bedingungen?«, »Wie können wir es hinbekommen, diese Erfahrung zu wiederholen?«). Zudem können Wünsche, Präferenzen und Anregungen im Kontext der Skripte abgeleitet werden (z. B. verschiedene Möglichkeiten der Entspannung, Veränderung der erotischen Atmosphäre, neue Stellungen und Praktiken, Hilfsmittel und Stimulantien). Der Partner, der neues sexuelles Verhalten erproben will, sollte das umsetzen, von dem er glaubt, dass der andere dieses (gerade noch) tolerieren kann. Auf Wechselseitigkeit beruhende Vereinbarungen über neues Verhalten

5 Kernelemente der Therapie

erhöhen die Bereitschaft, sich auf ungewohnte oder gar anfangs abgelehnte sexuelle Verhaltensweisen einzulassen. Für die längerfristig angestrebte stabile sexuelle Zufriedenheit der einzelnen Partner scheint es wichtiger zu sein, die Intimität und die Akzeptanz (oder gar Wertschätzung) der sexuellen Unterschiede bei beiden Partnern zu fördern als einzelne konkrete Verhaltensweisen anzuregen. Langfristig werden Paare nur dann immer wieder Neues ausprobieren, wenn sie ein breiteres Verhaltensrepertoire kennen und schätzen gelernt haben und dieses auch flexibel einsetzen können.

Bei (primären) sexuellen Funktionsstörungen in Kombination mit einem hohen Leidensdruck und subjektiver sexueller Unzufriedenheit (insbesondere bei vaginistischen Störungsbildern) stoßen sexualtherapeutische Behandlungsbausteine im Rahmen einer Paartherapie oftmals an ihre Grenzen. Ebenso legen chronifizierte Störungen, bei denen trotz intensiver Bemühungen auch nach sechs Monaten keine Verbesserungen eintreten, und die oftmals mit einer langjährigen Vermeidung jeglicher Intimität und Sexualität einhergehen, eine Sexualtherapie nahe.

Insbesondere für Verhaltenstherapeuten ist es bei der Vielfalt heutiger, mehrheitlich kaum ausreichend validierter sexualtherapeutischer Konzepte (vgl. Sexualtherapie nach Kaplan 1979; Hamburger Modell, Arentevicz und Schmidt 1993; Hannoveraner Ansatz, Hartmann 2018; synadyastische Sexualtherapie, Beier und Loewit 2004; für einen Überblick siehe Maß und Bauer 2016) wichtig zu wissen, dass die Psychoanalyse lange Zeit die Theoriebildung zur Sexualität beherrschte und sich vielen aktuellen Ansätzen zur Behandlung sexueller Probleme wiederfindet. Infolge der bahnbrechenden Veröffentlichungen von Masters und Johnson (1970) setzte sich allerdings auch ein übungsorientierter paartherapeutischer Ansatz in der Sexualtherapie durch. Das ursprünglich pragmatisch-atheoretische Konzept von Masters und Johnson orientiert sich maßgeblich an lerntheoretischen Modellen, wird in seiner Weiterentwicklung auch als Sensate Focus oder Sensualitätstraining bezeichnet und stellt als grundlegendes Behandlungselement den gemeinsamen Nenner vieler sexualtherapeutischer Konzepte dar. Die zahlreichen *Manuale* fügen je nach therapeutischer Orientierung weitere Ergänzungen hinzu (z. B. Fahrner und Kockott 2003; Hanel 1998; Hoyndorf et al. 1995; Kaplan 1974; LoPiccolo und LoPiccolo 1978). Zusätzlich sind in den letzten Jahren einige *Lehrbücher* zur Sexualtherapie und -medizin (Beier et al. 2005; Beier und Loewit 2011; Maß und Bauer 2016) sowie Einführungen in die Sexualstörungen der Frau (Gromus 2002; Velten 2018) bzw. des Mannes (Kockott und Fahrner 2000) erschienen, die sich zur Einarbeitung und Vertiefung in sexualtherapeutische Behandlungsmethoden, insbesondere des Sensualitätstraining, eignen. Das praktische Vorgehen soll daher nur in Kürze vorgestellt werden (für einen Überblick siehe Fahrner-Tutsek und Kockott 2015, für eine ausführliche Anleitung siehe Maß und Bauer 2016).

Sensualitätstraining. Zu Beginn der Behandlung steht ein sogenanntes »Koitusverbot«, das häufig als paradoxe Intervention missverstanden wird, allerdings Verhaltensmuster unterbrechen soll, die zu aufrechterhaltenden Bedingungen der sexuellen Probleme geworden sind. Das anschließende Sensualitätstraining zielt ähnlich wie der bereits vorgestellte PLISSIT-Ansatz darauf ab:

- Versagensängste und Vermeidungsverhalten abzubauen
- die Körperwahrnehmung zu fördern
- Informations- und Lerndefizite aufzuheben
- die sexuelle Kommunikation zu verbessern
- die Eigenverantwortung für sexuelle Bedürfnisse und Stimulation zu verbessern

Es setzt sich aus hierarchisch gestuften Paarübungen zusammen, mit deren Hilfe Patienten ihre dysfunktionalen Gefühle, Gedanken und Verhaltensweisen in Zusammenhang mit Sexualität allmählich überwinden sollen (▶ Tab. 5.3). Zunächst steht hierbei die Förderung einer neuen Art der (körperlichen) Begegnung ohne Leistungs- und Penetrationsdruck im Vordergrund (vgl. Stufe 1), sodass Berührungen im weiteren Verlauf unbefangen erlebt und ausgeübt (vgl. Stufe 2), aber auch Sicherheit im Umgang mit Lust und Erregung aufgebaut werden können (vgl. Stufe 3). Sexuelle Funktionen, wie die Erektions-, Lubrikations- oder Orgasmusfähigkeit, sollen nicht mehr im Vordergrund sexueller Begegnungen stehen. Stattdessen soll die Entspannung bei der Penetration (vgl. Stufe 4) und das Experimentieren mit Lust und Erregung während des Geschlechtsverkehrs (vgl. Stufe 5) gefördert werden. In Abhängigkeit der vorliegenden sexuellen Probleme und ggf. Funktionsstörungen sowie deren Ausprägungsgrad können störungsspezifische Interventionen oder Einzelübungen ab der vierten Stufe ergänzt werden. Für Einsteiger kann es etwas verwirrend sein, dass das Training hinsichtlich seiner Stufenanzahl je nach Autor und Manual variieren kann, wobei insbesondere die Stufen im Zusammenhang mit dem Koitus erweitert bzw. ausdifferenziert oder die Stufen zum (erkundenden und stimulierenden) Streicheln zusammengefasst werden. Hindernisse, wie z. B. »die Künstlichkeit der Übungen«, die Überzeugung, dass Sex spontan stattfinden sollte, werden idealerweise vom Therapeuten vorweggenommen und gemeinsam in den Therapiesitzungen bearbeitet. Die Übungen sollten so individualisiert wie möglich und so standardisiert wie nötig ablaufen, sodass sowohl die Compliance des Paares als auch Wirksamkeit der Intervention als gesichert gelten.

Tab. 5.3: Stufen des Sensualitätstraining

	Ziel	Verhaltensanleitung
1	(Wieder-)Entdecken des eigenen Körpers und den des Partners, ohne Stimulation	Streicheln des Körpers, unter Ausschluss der primären und sekundären Geschlechtsorgane weiterer erogener Zonen individueller Tabuzonen
2	Angstfreier Austausch von Zärtlichkeiten, ohne Stimulation & Koitus	Streicheln des Körpers mit Einbezug der Genitalregion und Brust
3	Aufbau von Wissen und Akzeptanz sexueller Funktionen und erotischer Empfindungen ohne Leistungsdruck	Streicheln und Erkunden des ganzen Körpers – auch der Genitalregion oder der Brust, aber ohne Stimulation
4	Angstfreier und spielerischer Umgang mit sexueller Erregung	Stimulierendes Streicheln des ganzen Körpers und Einführen des Penis sowie Einsatz störungsspezifischer Interventionen
5	Angstfreier und spielerischer Umgang mit sexueller Erregung bis zum Orgasmus	Koitus mit erkundenden und stimulierenden Bewegungen

In Absprache mit dem Paar dauern die Übungen ca. 30–60 Minuten und sollten möglichst nackt, unter Ausschluss störender Einflüsse und bei angenehmer Atmosphäre (z. B. ausreichender Zimmertemperatur, gedämpftes Licht) durchgeführt werden. Die Partner nehmen jeweils eine aktive oder passive Rolle ein, insgesamt dreimal im Wechsel, beginnen die Übungen an der Körperrückseite und setzen das aktive Streicheln erst nach einem Rollentausch mit der Vorderseite fort. Übungen auf einer Trainingsstufe sollten mit Variationen (u. a. sanftes bzw. kräftiges Streicheln mit Händen, mit Haaren, Feder oder Samtstoff) erprobt werden.

5.2.4 Gewalt in der Partnerschaft

Gewalt in intimen Partnerschaften ist ein bedeutsames Phänomen, dessen Häufigkeit und Ausmaß gesellschaftlich häufig unterschätzt wird. Allein im Jahr 2017 wurden vom Bundeskriminalamt in Deutschland 138.893 Opfer von vollendeten und versuchten Delikten der Partnerschaftsgewalt erfasst, was einem Anteil von 16,5 % der unter diesen Straftaten registrierten Opfer entspricht (Bundeskriminalamt 2017). In einer europaweiten Studie, die die Gewalterfahrung von 42.000 Frauen im Alter von 18–74 Jahren in 28 EU-Mitgliedstaaten erfragte, gaben 22 % der Frauen in Deutschland an, physische und/oder sexuelle Gewalt von einem aktuellen oder früheren Partner seit ihrem 15. Lebensjahr erlebt zu haben (European Union Agency for Fundamental Rights 2014). Die Prävalenzraten von gewalttätigem Verhalten bei Paaren, die eine Paartherapie aufsuchen, liegen signifikant höher als bei Paaren aus der Allgemeinbevölkerung: Schätzungen gehen davon aus, dass zwischen 36–58 % der Frauen und 36–57 % der Männer Gewalterfahrungen in der Partnerschaft vor der Aufnahme einer Paartherapie machen (Jose und O'Leary 2009). Einschränkend muss darauf hingewiesen werden, dass derartige Häufigkeitsangaben der verschiedenen Gewaltformen stark von der jeweiligen Operationalisierung und dem erfragten Zeithorizont abhängen sowie methodischen Einschränkungen unterliegen, wie Antworttendenzen und soziale Erwünschtheit, die die Angaben verzerren können.

Bei partnerschaftlicher Gewalt kann zwischen *zwei Formen* unterschieden werden (Johnson 2005; 2006; Johnson und Ferraro 2000):

5 Kernelemente der Therapie

- Der »Intime Terrorismus«, bei dem mehrheitlich der männliche Partner den weiblichen Partner durch schwere Gewalt zu kontrollieren und einzuschüchtern versucht.
- Die »Situative Partnergewalt«, welche durch moderate, bidirektionale Gewaltausübung beider Partner gekennzeichnet ist. Klinischer Erfahrungen zufolge ist diese Form von partnerschaftlicher Gewalt häufiger bei Paaren, die eine Paartherapie aufsuchen, als die erste Form, weshalb präventive und therapeutische Programme schwerpunktmäßig auf diese Art von bidirektionaler Partnergewalt eingehen (Epstein et al. 2015).

Das Erleben von partnerschaftlicher Gewalt geht häufig mit beeinträchtigter psychischer und physischer Gesundheit einher (Coker et al. 2002). Gemäß der Weltgesundheitsorganisation (WHO) ist häusliche Gewalt eines der größten Gesundheitsrisiken für Frauen und Kinder (Krug et al. 2002). Aus den akuten Verletzungsfolgen können mittel- und langfristige Gesundheitsfolgen, insbesondere bei wiederholter bzw. kumulierter Gewalt, resultieren (Brzank et al. 2004; Schröttle und Khelaifat 2007; Schröttle et al. 2008). Auch Symptome psychischer Störungen, insbesondere die der Posttraumatischen Belastungsstörung (bei ca. 77 % der Betroffenen), Depression (bei ca. 72 % der Betroffenen) und Angststörungen (bei ca. 70 % der Betroffenen; Ferrari et al. 2016) sowie ein erhöhtes Stresserleben und Schwierigkeiten bei der Alltagsbewältigung und erhöhter Substanzmittelkonsum werden häufig im unmittelbaren Zusammenhang mit der Gewalterfahrung von den Betroffenen berichtet (Ellsberg et al. 2008; Golding 1999). Kinder werden in mindestens 70 % der Fälle Zeuge von partnerschaftlicher Gewalt (Körtner 2017), sodass auch kindliche externalisierende und internalisierende Verhaltensauffälligkeiten eng mit partnerschaftlicher Gewalt assoziiert sind (Vu et al. 2016).

Um partnerschaftliche Gewalt frühzeitig im Beratungs- bzw. Behandlungsprozess zur Sprache zu bringen, sollte der Therapeut von sich aus in jedem Fall den Verlauf von Auseinandersetzungen ansprechen:

- Wie verlaufen Auseinandersetzungen? Wie werden Konflikte gelöst?
- Wurde während einer Auseinandersetzung auch körperliches Verhalten gebraucht?

Wird letztere Frage bejaht, sollten bei der weiteren Exploration die konkreten Gewalthandlungen direkt und nicht wertend hinsichtlich Häufigkeit, Schwere und Kontext erfragt werden. In Tabelle 5.4 sind beispielhafte Formulierungen für direkte Fragen nach unterschiedlichen Gewaltformen zu finden. Hierfür können auch der *Hurt-Insult-Threaten-Scream-Fragebogen* (HITS; Shakil et al. 2005), die *Conflict Tactics Scale* (CTS2; Straus et al. 1996) oder das *Family Maltreatment – Partner Physical Abuse Module* (Foran et al. 2011) zur Hilfe genommen werden.

Tab. 5.4: Beispielhafte Fragen nach unterschiedlichen Formen von Gewalt (Peter Neu (Hrsg.), Akutpsychiatrie, der Notfall-Manual. Mit freundlicher Genehmigung von Schattauer © J.G Cotta'sche Buchhandlung Nachfolger GmbH, Stuttgart.)

Beispielhafte Formulierung	Form von Gewalt
Körperliche Gewalt	
»Sind Sie jemals von Ihrem (Ex-)Partner absichtlich geschlagen, getreten, geschubst, gefesselt oder in irgendeiner Form körperlich angegriffen worden?« »Hat Ihr (Ex-)Partner Sie jemals mit einer Waffe bedroht oder verletzt?«	• Handlungen, die körperlichen Schaden verursachen können, wie z. B. schlagen, treten, prügeln, schubsen, schütteln, beißen, kratzen; mit einer Waffe verletzten • aber auch Einsperren, Fesseln, mit einer Waffe bedrohen
Sexuelle Gewalt	
»Sind Sie jemals von Ihrem (Ex-)Partner zu sexuellen Handlungen gezwungen worden, die Sie nicht oder in dieser Form nicht wollten?« »Sind Sie jemals zu ungeschützten sexuellen Handlungen gezwungen worden?«	• Erzwingen sexueller Handlungen gegen den Willen (sexuelle Nötigung, Vergewaltigung) • Zufügen von Schmerz während des sexuellen Aktes ohne Absprache • Erzwingen von Sex ohne Verhütung oder Schutz vor einer Infektion
Emotionale/psychische Gewalt	
»Haben Sie jemals Angst vor Ihrem (Ex-)Partner gehabt oder sich bedroht gefühlt?« »Hat er jemals gedroht, Ihnen oder	• Verbale Aggressionen mit Beschimpfungen, Herabsetzen, Demütigungen

Tab. 5.4: Beispielhafte Fragen nach unterschiedlichen Formen von Gewalt (Peter Neu (Hrsg.), Akutpsychiatrie, der Notfall-Manual. Mit freundlicher Genehmigung von Schattauer © J.G Cotta'sche Buchhandlung Nachfolger GmbH, Stuttgart.) – Fortsetzung

Beispielhafte Formulierung	Form von Gewalt
den Kindern etwas anzutun?« »Wurden/werden Sie von Ihrem (Ex-)Partner systematisch beschimpft, gedemütigt, lächerlich gemacht?«	• Drohungen, die Betroffene und/oder Kinder zu verletzen • (Androhung von) Zerstörung wichtiger Dinge
Ökonomische und soziale Gewalt	
»Haben Sie sich jemals durch Ihren (Ex-)Partner systematisch kontrolliert gefühlt?« »Hat er Ihnen jemals verboten, Freunde/Familie zu treffen, das Haus zu verlassen, zur Arbeit zu gehen, Geld zu verdienen?«	• Extreme Eifersucht mit Vorwürfen der Untreue • darauf bestehen, immer zu wissen, wo der Partner ist • den Partner sozial isolieren • dem Partner verbieten, das Haus zu verlassen oder Freunde, Familie zu treffen • dem Partner kein Geld geben oder verbieten, Geld zu verdienen

In einer Studie an 129 Paaren, die freiwillig eine Paartherapie aufsuchten, gaben bei der Mehrheit der Paare beide Partner bilateral physische Gewalt (74 %) an, während unilaterale männliche Gewalt von 16 % und unilateraler weibliche Gewalt von 5 % der Partner berichtet wurde (Madsen et al. 2012). Viele Programme, die auf die Prävention oder Behandlung von Gewalt in partnerschaftlichen Beziehungen abzielen, konzentrieren sich dennoch häufig in homogenen Gruppen- oder Einzeltherapien ausschließlich auf männliche gewalttätige Partner (Babcock und La Taillade 2000), während für weibliche Opfer vorwiegend Angebote in Selbsthilfegruppen oder Einzeltherapien existieren. Dabei konnte jedoch gezeigt werden, dass diese geschlechtsspezifischen Therapieprogramme, die alleinig den gewalttätigen Partner adressieren, oft mit hohen Abbruchraten und teilweise auch ungewollten Auswirkungen wie die Normalisierung und Bagatellisierung von aggressivem Verhalten (Babcock und La Taillade 2000; Mankowski et al. 2002) und antisozialen Peer-Einflüssen (Murphy und Meis 2008) einhergehen. Eine systematische Überblicksarbeit, welche die Angemessenheit von gemeinsamer Paartherapie bei aggressiver Partnergewalt untersucht hat, kommt daher zu dem Schluss, dass eine gemeinsame Paartherapie zwar Vorteile hat, dass jedoch der Behandler jeweils eine individuelle Entscheidung für oder gegen die gemeinsame Behandlung treffen muss, indem die negativen Konsequenzen einer gemeinsamen Paartherapie abgewogen werden (Karakurt et al. 2016).

Beurteilt werden sollte, ob die Gewaltausübung (1) zu einer Gewebeschädigung bei der Partnerin bzw. dem Partner geführt hat, die eine ärztliche Versorgung notwendig gemacht hat (bzw. hätte), und gleichzeitig (2) zur Ausübung von Kontrolle und Macht bzw. Induktion von Angst durchgeführt wurde und damit den Umgang und die Kommunikation des Paares nachhaltig beeinflusst bleibt – auch während therapeutischer Gespräche, sowie (3) eine hohe Wahrscheinlichkeit besitzt, wiederholt gezeigt zu werden.

Im Folgenden wird darauf eingegangen, welche Methoden bei der gemeinsamen Behandlung von Paaren mit dyadischer Gewalterfahrung Anwendung finden können (für weitere Details siehe Epstein et al. 2015):

Voraussetzungen schaffen. Häufig werden aversive, partnerschaftsrelevante Inhalte nicht angesprochen, um aggressives bzw. gewalttätiges Verhalten zu vermeiden. Da diese Inhalte in der Beratung bzw. Paartherapie bereits in der Diagnostikphase thematisiert werden, kann gewalttätiges Verhalten dadurch zunächst zunehmen. Um die Gefahr gewalttätigen Verhaltens zu mindern, ist eine Vereinbarung zu treffen, dass bestimmte Inhalte ausschließlich im Rahmen der Therapiestunde unter Moderation des Therapeuten besprochen werden sollen. Auch ein Sicherheitsplan sollte mit beiden Partnern erarbeitet werden (bspw. wo sich sichere Orte befinden, die man aufsuchen kann, wenn ein Streit eskaliert). Mit den Partnern kann ein Vertrag geschlossen werden, der beinhaltet, dass beide sich schriftlich verpflichten, kein entsprechendes Verhalten zu zeigen und ggf. alle Vorfälle dem Therapeuten mitzuteilen. Um die Hürde des Ansprechens zu verringern, sollte der Therapeut regelmäßig nach Vorkommnissen fragen.

Th.: Bevor wir in die Behandlung starten, würde ich gerne mit Ihnen beiden noch einmal über die von Ihnen als richtig »schlimme Streitereien« bezeichneten Konflikte sprechen, die so hochkochen, dass es über Beleidigungen und Beschimpfungen bis hin zu körperlichen Auseinandersetzungen kommt. Ist das in Ordnung?

Beide nicken.

Mann: (grinst) Ich möchte aber nochmal sagen, dass ich nicht körperlich werde.

Th.: Das habe ich natürlich registriert. Gleichzeitig haben Sie mir berichtet, dass es für Sie beide das erste Mal ist, dass Konflikte im Rahmen einer Partnerschaft so heftig eskalieren, dass Sie sich gegenseitig verletzen wollen und auch tatsächlich verbal und physisch angreifen. Und dass Ihre Partnerschaft aber vor allem auch jeder für sich darunter leidet.

Frau: Ja, das stimmt. Ich weiß mir dann einfach nicht mehr zu helfen. Ich verspüre richtigen »Hass« und will ihn dann nur noch aus meinem Leben weghaben. Mittlerweile schlage oder trete ich ihn dann auch, weil er mich einfach nicht in Ruhe lässt (Tränen steigen auf, Patientin guckt zu Boden).

Mann: Mir geht es ähnlich. Wenn ich im Streit nicht mehr weiterweiß, will ich sie dort treffen, wo es am meisten weh tut. Hinterher tut es mir natürlich sofort leid und ich entschuldige mich dann auch gleich. Ich möchte sie ja nicht verlieren (versucht den Blickkontakt zur Partnerin herzustellen).

Frau: Da ist es für mich dann aber schon zu spät und ich bin voll drin. Ich sehe nur noch rot und seine Entschuldigungen nehme ich gar nicht wahr und ich muss auch zugeben, auch nicht mehr ernst (blickt weiter zu Boden).

Th.: Ich merke richtig, wie schwer es Ihnen fällt, mir von Ihrem Erleben und Ihren Konflikten zu erzählen. Wie schambesetzt, anstrengend und kräftezehrend das für sie beide ist.

Frau: Ja, das stimmt. Ich bin richtig erschöpft und kann nicht mehr.

Mann: (nickt).

Th.: Bisher haben Sie mir auch berichtet, dass es eigentlich schon immer viel Streit zwischen Ihnen gab, sie aber nur bei be-

stimmten Themen so stark aneinandergeraten, dass Sie die Kontrolle verlieren. Habe ich das richtig verstanden?
Mann: Ja, immer wenn es darum geht, dass wir so wenig Zeit miteinander verbringen.
Frau: Weil du mich immer so einengst und ich schon vorher weiß, wenn ich jetzt mal einen Abend weggehen möchte oder allein irgendwohin fahren möchte, gibt es wieder Stress. Dann habe ich schon keinen Bock mehr.
Mann will gerade ansetzen, etwas zu sagen, da greift der Therapeut ein und hebt die Hand.
Th.: Darf ich hier kurz einhaken.
Beide nicken.
Th.: Könnte das jetzt ein typischer Beginn für einen solchen Konflikt sein, bei dem Sie sich beide so hilflos fühlen, dass sie sich nicht mehr anders zu helfen wissen als den anderen zu beleidigen oder zu verletzen?
Beide nicken.
Mann: Ja, so ungefähr ist es letzte Woche auch los gegangen. Ganz harmlos.
Frau: Mmh.
Th.: Okay. Das heißt, Themen wie Abstand voneinander, Zeit für sich haben, mit anderen weggehen wollen usw. sind, sagen wir mal, besonders bedrohliche Themen für Sie beide und Ihre Partnerschaft?
Beide nicken.
Th.: Das ist schon mal gut, dass wir so klar vor Augen haben, um welche Themen es sich handelt. Das ist nicht selbstverständlich. Daher möchte ich Ihnen gerne etwas vorschlagen. Sie müssen wissen, immer dann, wenn mir Paare von verbalen und körperlichen Auseinandersetzungen berichten, mache ich mir besonders Gedanken, wie ich Sie am besten unterstützen kann. Einerseits mache ich mir natürlich Sorgen, dass Sie sich bei einem Konflikt aus Versehen tatsächlich ernsthaft verletzen. Und andererseits wird mir auch immer wieder von diesem, ich nenne es mal »Nachhall« der Auseinandersetzung berichtet.

Frau: Was meinen Sie damit?
Th.: Gut, dass Sie fragen. Sie haben doch vorhin Ihre Hilflosigkeit, Erschöpfung und Resignation beschrieben. Dass Sie einfach nicht mehr können?
Frau: Richtig, das stimmt.
Th.: (wendet sich an dem Mann) Und Sie haben berichtet, dass Sie schon unmittelbar nach der Beleidigung Schuld empfinden, es wiedergut machen wollen, aber merken, Sie erreichen Ihre Partnerin gar nicht mehr und fühlen sich ebenfalls hilflos.
Mann: Ja, das stimmt. Ich habe dann keine Ahnung mehr, was ich noch machen kann.
Th.: Und ich könnte mir vorstellen, dass diese »Nebenwirkungen« Ihrer Auseinandersetzung auch das sind, was die nachfolgenden Tage so schwer wiegt und die Stimmung so schlecht macht. Kann das sein?
Beide nicken.
Frau: Es ist dann richtig dicke Luft. Und irgendwann tun wir einfach wieder so als wäre nichts gewesen (verdreht die Augen und schüttelt den Kopf).
Th.: Und hier würde ich gerne mit Ihnen ansetzen. Sie erinnern sich doch noch an dieses Bild des »Beziehungskontos« (beide nicken). Es könnte sein, dass Sie mit diesen schlimmen Streitereien nicht nur Ihr Beziehungskonto »leer« räumen, sondern dieser Nachhall, diese dicke Luft zwischen Ihnen, sie daran hindert, überhaupt wieder auf das Konto einzahlen zu können. Auch das Schweigen und »so-tun-als-wäre-nichts-gewesen« lädt Ihr Konto nicht wieder auf. Ganz im Gegenteil, es belastet Sie. Es ist wie eine vorgemerkte Auszahlung, die noch nicht gebucht wurde. Mit jedem weiteren Streit geraten Sie also immer mehr ins Minus. Und Ihr Dispot scheint ausgereizt zu sein.
Beide nicken.
Th.: Könnten Sie sich vorstellen, dass wir für die nächsten zwei Wochen eine Vereinbarung treffen, sodass wir besonders heikle Themen zunächst erst einmal nur in der Therapie besprechen. Damit Sie als Paar auf Ihrem Beziehungskonto

	nicht weiter ins Minus rutschen? Und sich auch nicht aus Versehen ernsthaft verletzen.
Mann:	Das könnte ich mir vorstellen.
Frau:	Ich weiß nicht. Wie soll denn das ablaufen? Wir streiten ja mittlerweile schon mindestens einmal pro Woche richtig schlimm. Sollen wir das jetzt komplett ignorieren und so tun alles wäre alles in Ordnung.
Th.:	Genau das würde ich jetzt gerne mit Ihnen besprechen. Natürlich fühlt sich das erstmal komisch, vielleicht auch künstlich und infolge falsch an, so als würden wir etwas unter den Teppich kehren wollen. Es geht aber nicht darum, dass Sie beide nicht mehr streiten oder nicht mehr über schwierige Themen miteinander sprechen dürfen oder sollen. Vielmehr geht es darum, auszuprobieren, ob wir für Sie einen sicheren Raum hier in der Therapie schaffen können, anfangs noch mit meiner Unterstützung, in dem Sie »gut« miteinander streiten können ohne Gefahr zu laufen, sich gegenseitig zu verletzen. Aus der Psychotherapieforschung weiß man, dass sich oft zu Beginn einer Behandlung der Leidensdruck oder die Symptome intensivieren können. Gerade bei Aggressionen und Gewalt bin ich daher besonders vorsichtig, dem vorzubeugen. Lassen Sie uns gemeinsam überlegen, wie diese Vereinbarung aussehen muss, damit Sie für sie beide umsetzbar wird

Ziele setzen. Bevor eine gemeinsame Behandlung beginnen kann, sollten zunächst die Therapieziele besprochen werden: Die Beendigung der Gewaltausübung ist das primäre Therapieziel; dem untergeordnet sind die Vermittlung von Informationen zur partnerschaftlichen Gewalt, Vermeidung von typischen Situationen, die Verbesserung der Impulskontrolle und Emotionsregulation bzw. partnerschaftlichen Problemlösung.

Informationen vermitteln. Um die Partner zu einer Verhaltensänderung zu motivieren, drückt der Behandler die Sorge aus, dass – auch wenn die Gewaltausübung aktuell noch moderat ist – Studien gezeigt haben, dass Gewaltausübungen bei vielen Paaren über die Jahre immer intensiver werden. Außerdem kann darauf hingewiesen werden, dass individuelle und partnerschaftliche Risikofaktoren (z. B. emotional-instabile Persönlichkeit, Suchterkrankungen), die evtl. im Erstgespräch schon erhoben wurden, eine Eskalation leicht hervorrufen. Auch mögliche unabsichtliche Folgen des gewalttätigen Verhaltens sind zu thematisieren und ggf. in Form von Anekdoten zu veranschaulichen (z. B. reichte ein Schubser aus und ein Partner fiel unglücklich auf den Kopf). Um dem Paar die negativen Konsequenzen des gewalttätigen Verhaltens deutlich zu machen, sollten die Folgen für die Partnerschaftszufriedenheit bzw. -stabilität und ggf. auch für die Familie besprochen und schriftlich zusammengefasst werden. So kann zum Beispiel thematisiert werden, dass die eigenen Kinder das gewalttätige Verhalten mitbekommen und als Modell für Streitverhalten häufig übernehmen. Zur Veranschaulichung der kurz-, mittel- und langfristigen Auswirkungen auf die individuelle Gesundheit und die Partnerschaft kann eine Lebenslinie dienen. Angesichts dieser Auswirkungen ist anschließend zu erarbeiten, dass Gewalt ein erlerntes Verhalten darstellt, welches variiert und damit abgelegt bzw. modifiziert werden kann, sodass die Verantwortungsübernahme sowie Steuerung eigenen Verhaltens bei den Partnern in den Fokus gerückt werden.

Ärger-Management. Um Ärger adäquat kontrollieren zu können, ist zunächst vorausgesetzt, dass die Partner ihre individuellen Symptome von Ärger erkennen. Dazu sollte von jedem Partner erfragt werden, wie Ärger individuell wahrgenommen wird und welche physischen (z. B. schneller Herzschlag, Schwitzen) und kognitiven Merkmale (sog. heiße Gedanken wie: »Das hat sie nur gemacht, um mich auf die Palme zu bringen«) sowie Verhaltensanzeichen (z. B. ein bestimmter Gesichtsausdruck, Tür knallen) mit dem Ärger einhergehen. Ein hilfreicher Baustein können *Ärger-Tagebücher* sein: Dort soll jeder Partner eintragen, in welcher Situation er/sie wütend geworden ist, wie intensiv der Ärger war und welche physischen, kognitiven und behavioralen Anzeichen wahrgenommen wurden. Somit sollen typische Situationen und individuelle Reaktionen identifiziert werden. Gemeinsam sind Ressourcen und (neue) Fertigkeiten zu sammeln, die kurzfristig Ärger reduzieren bzw. mittel- und langfristig Schaden vermeiden. Dabei können auch kleine Merkkarten eingesetzt werden.

Dampf ablassen – aber wie?

Ziele des Dampfablassens

- Sich verausgaben bis man sich beruhigt
- Emotionen in einem geschützten Raum ausdrücken – ohne der Beziehung weiter zu schaden
- Sich gedanklich sortieren und versuchen die Argumente des/der anderen nachzuvollziehen
- Sich selbst wieder in einen Zustand bringen, in dem man wieder vernünftig mit dem Partner reden kann.

Wie man Dampf ablässt

- Im Auto schreien
- Ein Kissen schlagen, Holz hacken, beim Sport verausgaben
- Einen Brief schreiben, den man nicht abschickt
- Einen guten Freund anrufen, bei dem man wüten und toben darf; dem man aber auch zuhört
- Spazieren gehen, Gartenarbeiten erledigen

Auszeit als Notfallregelung einführen. Anschließend sollen die Partner lernen, wie sie sich in Situationen verhalten, in denen sie intensiven Ärger an sich oder ihrem Partner wahrnehmen. Ein wichtiger Baustein ist hierbei die Einführung von sog.»Auszeiten«: Die Partner sollen dabei lernen, sich eine Auszeit zu nehmen, wenn sie Anzeichen von intensivem Ärger bei sich oder ihrem Partner wahrnehmen, und üben, wie sie dies dem Partner mitteilen. Dabei sollten die Partner die Aussage so formulieren, dass das wahrgenommene Gefühl angesprochen wird und dass verabredet wird, wann sich die Partner wieder begegnen (z. B.: »Ich merke gerade, dass mich dein Verhalten sehr wütend macht und ich brauche eine Auszeit von 30 Minuten.«). Mit den Partnern wird besprochen, dass sie in dieser Auszeit etwas Entspannendes machen (z. B. im Garten arbeiten) oder sich bewegen sollten, um ihre Emotionen zu regulieren. Ferner wird festgelegt, dass der Partner, der die Auszeit genommen hat, nach der festgelegten Zeit wieder den Kontakt zu dem Partner sucht und entweder (1) eine Verlängerung der Auszeit mitteilen sollte (z. B.: »Ich bin immer noch wütend und brauche noch weitere 30 Minuten Auszeit.«), (2) die Diskussion fortführt oder (3) eine Zeit vorschlagen sollte, zu der weiter diskutiert werden kann. Die Auszeiten werden in Form eines Tagebuchs dokumentiert und in der Therapie besprochen. Um dem Problem zu begegnen, dass ein Partner wütend oder aggressiv wird, ohne eine Auszeit zu nehmen, wird besprochen, dass jeder der Partner eine Auszeit nehmen kann, wenn er oder sie die individuelle Grenze – meist markiert durch eine körperliche Reaktion – erreicht hat oder diese beim Gegenüber wahrnimmt.

Kommunikation- und Problemlösefertigkeiten. Bei Paaren mit Gewalterfahrungen ist ein Kommunikations- und Problemlösetraining indiziert. Dies wird in den Kapiteln 5.1.3 und 5.1.4 näher beschrieben.

In dem Buch »Das Trauma häuslicher Gewalt überwinden – Ein Selbsthilfebuch für Frauen« (Kubany et al. 2015) werden die typischen Folgen häuslicher Gewalt beschrieben und Übungen vorgeschlagen, die den Betroffenen helfen sollen, einen Weg aus den Folgen häuslicher Gewalt zu finden und somit die Gefahr reduzieren soll, erneut Opfer zu werden.

6 Fallbeispiel

Auf Empfehlung seines Urologen sucht Herr K. die ambulante Psychotherapie auf. Er ist zum Zeitpunkt des Erstgesprächs 33 Jahre alt, ledig, hat keine Kinder und lebt seit fünf Jahren in einer festen Partnerschaft mit Frau H., seiner Partnerin, zusammen. Herr K. kommt zunächst allein in die Therapie.

6.1 Erstkontakt

Der Patient gibt an, dass er eigentlich schon immer unter Erektionsschwierigkeiten gelitten habe, diese aber in seiner aktuellen Partnerschaft besonders stark ausgeprägt seien. Seit dem ersten vollständigen Verlust der Erektion beim Geschlechtsverkehr (GV) mit seiner jetzigen Partnerin vor zwei Jahren haben sich bei einigen der nachfolgenden Versuche zwar wieder Erektionen aufbauen lassen, diese konnte jedoch für eine Penetration nicht mehr aufrechterhalten werden. Herr K. erlebe das Eindringen in seine Partnerin mittlerweile als »die« Hürde, die er nehmen müsse, setze sich zunehmend mehr unter Druck und entwickle im Zusammenhang mit Sexualität verstärkt Versagensängste. Am liebsten würde er jegliche Form sexueller Handlungen vollständig vermeiden. Er verspüre auch kein sexuelles Verlangen mehr nach GV mit seiner Partnerin, wenngleich er sich regelmäßig selbst befriedigen würde. Die Vermeidung jeglicher sexuellen Kontakte führe allerdings wiederholt zu Konflikten mit seiner Partnerin, die verunsichert und enttäuscht sei. Herr K.

sehe seine Erektion mittlerweile auch als abhängig von den Umgebungsbedingungen (z. B. ausreichend gute Raumtemperatur, keinen Hunger haben), gibt aber gleichzeitig an, dass er damit lediglich nach Ausreden für das Vermeiden sexueller Kontakte mit seiner Partnerin suche. Mitunter habe er in den letzten beiden Jahren auch auf Medikamente zurückgegriffen (z. B. Sildenafil), was infolge der fehlenden Lust aktuell, aber auch nicht mehr zu einer ausreichenden Erektion führe. Das Paar habe infolgedessen seit einigen Monaten keinen GV mehr und vermeide ebenso sämtliche Formen von Sexualität (z. B. intensive Küsse, Petting). Bei der Selbstbefriedigung zeige sich die Erektion jedoch ohne Probleme. Eine urologische Abklärung sei ohne Befund gewesen.

Befragt nach seinem eigenen Erklärungsmodell vermutet der Patient u. a. als Auslöser seinen hohen »Leistungsanspruch« an sich selbst, seine geringe Selbstsicherheit und die bisherige negative sexuelle Lerngeschichte. Er habe diese Schwierigkeiten schon immer gehabt, weil er sich in sexuellen, aber auch anderen vermeintlich »leistungsbezogenen« Situationen massiv unter Druck setzen würde. So schlimm wie jetzt sei es jedoch noch nie gewesen. Dafür habe er auch keine richtige Erklärung, vermute aber »irgendwie einen Zusammenhang mit Stress«. In der Partnerschaft habe es vorab sonst keine Probleme gegeben. Herr K. habe neben der medikamentösen Unterstützung schon viel ausprobiert, um mit seinem Problem umzugehen. Bspw. habe er eine Zeit lang auf Selbstbefriedigung verzichtet, versucht, sich seiner Freundin zuliebe zum GV zu zwingen oder für sich selbst hinterfragt, ob er homosexuell sein könnte. Nichts davon habe zum Erfolg geführt. Infolgedessen fühle er sich zunehmend minderwertig, verstärkt durch die sexuelle Problematik nicht als »vollwertiger« Mann, was sich insbesondere in Grübelattacken äußere, die der Patient als sehr belastend und unangenehm erlebe. Er bemerke zusätzlich negative Auswirkungen auf seine berufliche und soziale Situation, fühle sich niedergeschlagen, antriebsgemindert und könne sich nur schwer konzentrieren. Mittlerweile ziehe er sich immer weiter zurück. Wie bereits in früheren depressiven Episoden sehe er mutlos in seine Zukunft und fürchte seine Partnerschaft als auch seinen Job zu verlieren.

Zum Zeitpunkt des Erstgespräches seien Herrn K. keine somatischen Erkrankungen bekannt. Gemäß Konsiliarbericht werden organische Ursachen für das Versagen genitaler Reaktionen weiterhin ausgeschlossen. Es bestehen weder eine aktuelle Medikation noch Kontraindikationen für eine psychotherapeutische Behandlung. Herr K. befand sich aufgrund seiner depressiven Vorerkrankungen bereits einige Male in Therapie. Über die Erektionsstörungen habe er da allerdings nicht gesprochen, die Symptomatik eher seinen depressiven Episoden zugeschrieben und merke nun, dass diese beständig blieben, auch wenn andere Leitsymptome der depressiven Episoden wieder abklingen würden.

6.2 Lebensgeschichte und funktionales Bedingungsmodell

In der Lebensgeschichte des Patienten finden sich verschiedene ungünstige Bedingungen, die möglicherweise zu einer erhöhten Vulnerabilität bzgl. einer psychischen Erkrankung geführt haben könnten. Zum einen ist von einem höheren, unspezifischen Erkrankungsrisiko aufgrund familiärer Belastung mit psychischen Störungen (vgl. Häufung von Depressionen) auszugehen. Zum anderen habe er von seiner Mutter weder Anerkennung noch Wertschätzung erhalten, vielmehr habe er das Gefühl beschrieben, aufgrund seiner früh einsetzenden depressiven Symptomatik eine Überforderung für seine Mutter darzustellen und »nicht normal« zu sein. Einen Vater habe es nicht gegeben. Sich von seiner Mutter unverstanden gefühlt, habe er bereits früh den Anspruch entwickelt, nach außen möglichst »normal« zu wirken, sein Umfeld nicht »zu verunsichern« und »alles im Griff« zu behalten. Dementsprechend entwickelte sich ein ausgeprägtes Kontrollbedürfnis mit fortwährend sehr hohen eigenen Ansprüchen. Parallel dazu wuchsen und festigten sich Versagensängste.

Unter den bisherigen Informationen über den Patienten, ist davon auszugehen, dass er diesen Ängsten im schulischen und beruflichen Kontext mit einem ausreichend hohem Maß an Anstrengung und seiner übersteigerten Verausgabungsbereitschaft einigermaßen begegnen konnte, dies aber im sexuellen Kontext nicht funktioniert hat, da sich Ängste und Druckerleben negativ auf das sexuelle Verlangen und sexuelle Reaktionen ausüben. Im Sinne eines Teufelskreises führten das wiederholte Versagen seiner genitalen Reaktionen, und damit auch das »Versagen als Mann«, die resultierende Erwartungsangst und sich nachfolgend herausbildende gesteigerte Selbstaufmerksamkeit zu einem negativ verstärkenden Vermeidungsverhalten: Potenziell erotische Situationen nahmen einen bedrohlichen Charakter an. Die Folgen (z. B. Frustration, Selbstabwertung, Sorge um Partnerschaft) wirken mittlerweile als Selbstwert gefährdende Faktoren und führen gleichzeitig zu einem Verstärkerverlust (z. B. Rückzug aus Scham,). Durch den dysfunktionalen Umgang mit den eigenen Gedanken (vgl. Grübeln, Sorgen) sowie die negativen Interaktionszyklen in der Partnerschaft (vgl. Ignorieren der Problematik) werden sowohl die sich parallel herausbildende depressive Symptomatik als auch die sexuelle Funktionsstörung an sich weiter aufrechterhalten.

Mikroanalyse einer typischen Problemsituation:

Stimulus: Freundin nähert sich ihm auf der Couch, beginnt ihn zu küssen

Organismus: erhöhte Selbstaufmerksamkeit, Erwartungsangst [Vorwissen: Beim letzten Mal ging es nicht], geringe Selbstsicherheit, hoher Leistungsanspruch

Reaktion$_{kog.}$: Wird es heute funktionieren?«; »Ich brauche die Erektion, los, komm' schon!«; »Hoffentlich halte ich durch?«, »Bin ich überhaupt in der richtigen Stimmung?«, »Ist es warm genug hier?«

Reaktion $_{emo.}$: Angst, Unsicherheit, Hilflosigkeit, Kontrollverlust

Reaktion $_{phys.}$: Anspannung, Herzrasen, Zittern

Reaktion $_{verh.}$: blockt die Annäherung seiner Freundin ab, mit der Begründung, dass die Raumtemperatur nicht ausreichend warm sei

Kontingenz: regelhaft

Kurzfristige Konsequenzen:	Reduktion der Anspannung/körperlichen Symptome sowie negativer Emotionen Unsicherheit im Umgang mit der Partnerin entsteht
Langfristige Konsequenzen:	angemessene Bewältigungsstrategien werden nicht erlernt, sozialer Rückzug, Nähe zum Partner nimmt ab Langfristige Aufrechterhaltung und Verstärkung des Grübelns, des negativen Selbstbildes und der Selbstaufmerksamkeit sowie Erwartungsangst, Stresserleben im Zusammenhang mit potenziell erotischen Situationen steigt, Verschlechterung der affektiven Befindlichkeit

6.3 Diagnosen

ICD-10 F52.2 (G)	Versagen sexueller Reaktionen
ICD-10 F33.1 (G)	rezidivierende depressive Störung, gegenwärtig mittelgradige Episode

Differentialdiagnostisch werden im Verlauf der probatorischen Sitzungen mithilfe einer ausführlichen biografischen Anamnese, inkl. Sexualanamnese und ausführlichen Testdiagnostik, die vom Patienten zusätzlich beschriebene Reduktion seines sexuellen Verlangens (F52.0) genauer exploriert und als Symptomatik infolge der Erektionsstörung spezifiziert.

6.4 Behandlungsplan und -verlauf

Herr K. formulierte zu Therapiebeginn folgende Ziele: Er möchte endlich wieder eine »normale« Sexualität mit seiner Partnerin leben können, ohne Leistungsdruck und Angst, kein richtiger Mann für sie zu sein. Infolgedessen erhofft er sich eine Verbesserung seiner Partnerschaftsqualität und nicht mehr nach Ausreden zur Vermeidung von Intimität suchen zu müssen. Vielmehr möchte er lernen, offen über sexuelle Wünsche und Bedürfnisse oder Lust und Unlust sprechen zu können. Da seine Erektionsstörungen auch außerhalb der Partnerschaft zu massiven Selbstzweifeln, ihm aus vorherigen Krankheitsphasen bekannten depressiven Symptomen, wie Konzentrationsstörungen und Antriebsmangel, aber auch Beeinträchtigungen im sozialen und beruflichen Kontext geführt haben, wünscht sich Herr K. auch hier Hilfestellungen. Insbesondere erhofft er sich, Grübelattacken, bestehend aus Selbstabwertungen, Unsicherheit und Zukunftsängsten, selbstständig stoppen und langfristig in den Griff zu bekommen, um nicht immer wieder in Stress und (partnerschaftlichen) Belastungssituationen in kognitive Abwärtsspiralen zu geraten und sich sodann sozial zurückzuziehen.

6.4.1 Behandlungsbeginn

Zunächst sollte die Entwicklung eines individuellen Störungsmodells zur Entstehung und Aufrechterhaltung der Erektionsstörung im Mittelpunkt stehen. Dies wurde zunächst im Einzelsetting durchgeführt, später wurde auch Frau H. zur Therapie eingeladen. Mithilfe psychoedukativer Materialien zu weiblicher und männlicher Sexualität sowie Störungen der sexuellen Appetenz und Erregung konnten realistische Vorstellungen und Erwartungen bezüglich des eigenen Sexualverhaltens gefördert, gleichzeitig sogenannte »sexuelle Mythen« auf beiden Seiten identifiziert und abgebaut werden. Unter Einordnung des eigenen Sexualverhaltens in das Modell zur gestörten und ungestörten Verhaltenskette von Sexualverhalten (Kockott und Fahrner 2000) wurde zusätzlich der Zusammenhang mit weiteren, insbesondere depressiven Symptomen (z. B. Anspannungserleben, Selbstzweifel, Versagens- und Zukunftsängste) verdeutlicht.

Insbesondere durch die Arbeit an sexuellen Mythen aber auch bei der Einordnung des eigenen Sexualverhaltens fiel auf, dass das sonst sehr kompetente Paar nicht nur Schwierigkeiten hatte, sich über ihre Sexualität auszutauschen, sondern auch allgemein nicht in der Lage war, Konfliktthemen in der Partnerschaft offen zu besprechen und zu lösen. Vielmehr »schonten« sich beide Partner gegenseitig und wollten den jeweils anderen sowie die Partnerschaft mit ihren Konflikten nicht zu sehr belasten. Mit dem Paar wurde daher vereinbart, neben der sexuellen Kommunikation auch die allgemeinen Kommunikationsfertigkeiten und bisherigen Problemlösestrategien in den Fokus zusetzen.

6.4.2 Kommunikationstraining

Als Basis für die weitere Behandlung wurde daher gemeinsam mit dem Paar im nächsten Schritt das Kommunikationstraining (▶ Kap. 5.1.3) begonnen. Mithilfe dieses Trainings sollte das Paar nicht nur lernen, offen und ohne Scham über Sexualität zu sprechen. Vielmehr sollten die erlernten Fertigkeiten später auch genutzt werden, um schon seit einiger Zeit bestehende Konflikte gemeinsam als Paar lösen zu können.

Bereits im Rahmen der Postkartenübung (▶ Kap. 5.1.3) wurden dem Paar die Hürden und Herausforderungen eindeutiger Kommunikation verdeutlicht. Das Paar handelte zunächst aus, dass Herr K. in dieser Übung beginnen würde und sich die beiden im weiteren Verlauf der Behandlung hinsichtlich der Frage: »Wer fängt an?«, weiter abwechseln würden. Im Rahmen dieser ersten Übung wurden die beiden dazu aufgefordert, sich Rücken an Rücken auf zwei Stühle zu setzen. Herr K. erhielt die Instruktion, seiner Partnerin ein Bild auf einer Kunstpostkarte zu beschreiben. Er durfte, falls ihm bekannt, nicht den Künstler mit Namen nennen. Er sollte lediglich das Motiv auf der Karte möglichst gut und detailliert beschreiben. Frau H. erhielt die Aufgabe, nur zu zuhören, nicht nachzufragen und keine weiteren Rückmeldungen zu geben.

Nach zwei bis drei Minuten wurde die Karte aufgedeckt. Während Herr K. bereits nach einer Minute Schwierigkeiten hatte, die Postkarte weiter facettenreich und detailliert zu beschreiben, reagierte Frau H. unmittelbar nach dem Aufdecken der Karte mit »Achso, das habe ich ja nun gar nicht erwartet«.

Im ersten Moment erschienen beide etwas »geknickt«, da sie den Eindruck hatten, entweder die Aufgabe nicht richtig gemeistert zu haben oder ggf. »kein gutes Paar« zu sein. Mit beiden konnte anschließend erarbeitet werden, dass dieses Ergebnis zu erwarten war, da zum einen auf sämtliche Sprecher- und Zuhörerregeln verzichtet wurde. Diese Regeln wurden als Voraussetzung für eine gelungene Kommunikation schriftlich danach festgehalten. Zum anderen konnte das Paar hinsichtlich der Bedeutsamkeit des eigenen Referenzrahmens bzw. im Hintergrund ablaufenden »Films« sensibilisiert werden. So erwähnte Herr K. während der Beschreibung der Postkarte ein blaues Haus, das Frau H. an einen Urlaub in der Kindheit erinnerte; diese Erinnerung beeinflusste unmittelbar ihre Vorstellung.

Im weiteren Verlauf des Kommunikationstrainings wurden gemeinsam mit dem Paar unter Verwendung des bereits benannten Videomaterials und unter Berücksichtigung eigener Konflikte die allgemeinen Sprecher- und Zuhörerregeln abgleitet und in einem mehrschrittigen Verfahren eingeübt. Da sowohl Herr K. als auch Frau H. im Rahmen ihres beruflichen Alltags mit ähnlichen Regeln vertraut waren, wurden die Regeln von beiden direkt akzeptiert und es konnte zum praktischen Teil übergegangen werden. Zunächst begann das Paar unter der Hilfestellung der Therapeutin die Sprecher- und Zuhörerregeln an positiven Themen (z. B.: »Was würde ich mit 10.000 Euro machen?«, »Wo verbringe ich meinen nächsten Urlaub?«) einzuüben, anschließend wurden die Regeln auch bei negativen Themen und partnerschaftsrelevanten Konflikten (z. B. unterschiedliche Vorstellungen zur Haushaltsführung und Ordnung, Verhältnis zwischen Frau H. und der Mutter von Herrn K.) verwendet. Der Abstand zwischen den Sitzungen wurde im Rahmen des Kommunikationstrainings auf zwei Wochen gestreckt, damit das Paar jeweils auch zwischen den Sitzungen die mehr oder weniger neu erlernten Fertigkeiten im Alltag erproben konnte.

Im letzten Schritt des Kommunikationstrainings wurde der Übergang vom Kommunikationstraining zurück zum Thema »Sexualität« mithilfe der Wertekarten-Übung (▶ Kap. 5.2.3) geschaffen. Dem Paar wurden 2 x 12 verschiedene Begriffe und vier Leerkarten ausgehändigt, in die beide noch wichtige, aber fehlende Begriffe eintragen konnten. Die Übung war zunächst als Hausaufgabe gedacht, da zum einen von beiden die Kommunikationsregeln akzeptiert und genutzt wurden. Zum anderen konnte so die Privatsphäre und Intimität für diese erste Übung im Zusammenhang mit Sexualität gewahrt und die Wahrscheinlichkeit einer ungünstigen Schamreaktion reduziert werden. Das Paar wurde dazu angeleitet, sich zuhause über die Begriffe auszutauschen (z. B.: »Welche Bedeutung haben die Begriffe für Sie?«, »Was verstehen Sie darunter?«, »Wie wichtig ist Ihnen der Begriff für Ihre Sexualität?«, »Welche Rolle sollen die Begriffe in Ihrer Sexualität spielen?«). Das Paar baute gemeinsam aus den Wortkarten ein Haus. Begriffe wie »Vertrauen« und »Sicherheit« bildeten das Fundament und waren wichtiger als »Romantik« oder »Stellung«. Mithilfe dieser Übung konnten Herr K. und Frau H. erstmalig seit einiger Zeit wieder ohne Konflikt und negativer emotionaler Reaktion über Sexualität ins Gespräch kommen.

6.4.3 Sensualitätstraining

Anschließend wurde wieder die sexuelle Funktionsstörung fokussiert. Mithilfe der gelernten Sprecherfertigkeiten konnten die meist spontanen, aber verletzenden und letztlich dysfunktionalen emotionalen Reaktionen in adaptivere emotionale Reaktionen umgewandelt werden. Durch die Anwendung der Zuhörerfertigkeiten entstand eine Offenheit beim jeweiligen Sprecher, die es ermöglichte, auch schambesetze Themen im Kontext der Sexualität zu behandeln. Dabei wurden auch negative Interaktionsmuster identifiziert und anschaulich dargestellt. Erst anschließend wurden Übungen zur progressiven Muskelentspannung und des Sensualitätstrainings eingeführt und etabliert.

Einen Stolperstein bei diesen Übungen stellte der bis dahin unerfüllte Kinderwunsch der Partnerin dar. Mit Rückbezug auf die bisher erlernten Kommunikationsfertigkeiten konnte zunächst die Angst der

6 Fallbeispiel

Partnerin thematisiert werden, nie »normal« Sex haben und daher auch keine Kinder haben zu können. Unter Berücksichtigung der Trichtermethode (▶ Kap. 5.1.7) wurde das Paar dabei unterstützt, sich gegenseitig nicht nur »richtig« zu verstehen, sondern sich auch angemessen emotional- und problembezogen zu unterstützen. Insbesondere Frau H. profitierte von Herrn Ks Unterstützungsangeboten wie der Zuversicht, die er in die gemeinsame Zukunft und das gemeinsame Familienleben hatte, aber auch davon, dass er während dieser Gespräche ihre Hand nahm und sie tröstete. Im weiteren Verlauf konnten weitere Stolpersteine (z. B. die Erwartung von Frau H.: »Das geht nicht schnell genug«, »Wir brauchen ja ewig.«, vgl. Förderung des Vermeidungsverhaltens bei Herrn K.) mithilfe verschiedener kognitiver Techniken (▶ Kap. 5.1.5, vgl. Stressantwort, 3-Spaltentechnik, sokratischer Dialog) aufgedeckt und das Paar bei der gemeinsamen Bewältigung ihrer Ängste und deren Auswirkungen auf die Durchführung der Übungen unterstützt werden. Anschließend konnten sich beide erneut auf die Übungen einlassen.

Das Sensualitätstraining konnte beginnen (▶ Kap. 5.2.3). Insbesondere Herrn K. half das anfängliche Koitusverbot dabei, sein Vermeidungsverhalten langfristig abzubauen und sich wieder intensiver auf die sexuellen Handlungen mit seiner Partnerin einzulassen. Die einzelnen Übungen (vgl. die jeweiligen Stufen ▶ Tab. 5.3) wurden in fünf aufeinanderfolgenden Paargesprächen erläutert und angeleitet sowie hinterher nachbesprochen. Der Zeitraum zwischen den Sitzungen in diesem Therapieabschnitt wurde auf zwei bis fünf Wochen erweitert, damit regelmäßige Übungen tatsächlich realitätsnah in den Alltag des Paares integriert werden konnten. Neben diesen Übungen wurden auch Techniken zur Verbesserung der sexuellen Erlebnisfähigkeit eingesetzt (z. B. Übungen zur Selbsterfahrung des Körpers, Einsatz sexueller Fantasien), um neben der sexuellen Erregbarkeit auch das mittlerweile reduzierte Lustempfinden des Patienten zu adressieren. Das Paar konnte mithilfe der verschiedenen Übungselemente im Rahmen des Sensualitätstraining letztlich wieder positive sexuelle Erfahrungen miteinander machen, ohne »Leistungsdruck« und Ängste zu spüren.

6.4.4 Behandlung der depressiven Symptomatik

Da die Erektionsstörung des Patienten mit Versagens- und Zukunftsängsten zusammenzuhängen schien, wurde im zweiten Behandlungsabschnitt sein instabiler Selbstwert und die damit verbundene depressive Symptomatik fokussiert. Elemente der kognitiven Verhaltenstherapie wurden erneut eingesetzt, damit Herr K. möglichst selbstständig eine Unterscheidung zwischen funktionalen und dysfunktionalen Kognitionen und Problembewältigungsstrategien erarbeiten konnte. Neben Methoden zum kurzfristigen Umgang mit Sorgen und Grübeln (z. B. Gedankenstopp, Entspannungstraining), bspw. über die eigene Unzulänglichkeit, wurde durch das Protokollieren negativer Gedanken, insbesondere bezogen auf sein Selbstbild als Mann, identifiziert und mithilfe kognitiver Techniken (z. B. Realitätstests, Entkatastrophisierung; ▶ Tab. 5.1) durch flexiblere und funktional-realistische Denk- und Handlungsmuster ersetzt, um langfristig angemessenere Bewältigungsstrategien zu entwickeln und einen befriedigenden Umgang mit der eigenen Unsicherheit und Selbstzweifeln zu erlernen.

6.5 Therapieabschluss

Zum Ende der Therapie ist das Paar verheiratet und erwartet das erste gemeinsame Kind. Einmal im Monat finden noch Therapiegespräche zur Rezidivprophylaxe statt. Zum jetzigen Zeitpunkt sind das Paar und der Patient weitgehend beschwerdefrei.

7 Settings und Anwendungsgebiete

Eine KVPT ist indiziert, wenn eine Partnerschaft infolge chronischer Konflikte und/oder emotionaler Entfremdung zur beeinträchtigenden Unzufriedenheit bzw. psychischen Belastung mindestens einer der Partner führt. Außerdem können paartherapeutische Interventionen bei psychischen Störungen und körperlichen Erkrankungen unter Berücksichtigung der sozialen Faktoren im Rahmen eines bio-psycho-sozialen Erklärungsmodells als alleinige oder unterstützende Therapie sinnvoll sein. Für eine Reihe von Störungen wurden bereits Paarinterventionen entwickelt, die entweder allein oder in Kombination mit individuellen, symptomspezifischen Therapien angewandt werden können (z. B. für Depression, Bodenmann 2009; für Schizophrenie, Hahlweg et al. 2006; für Alkoholabhängigkeit, Lindenmeyer 2005). Bei Gurman et al. (2015), aber auch bei Snyder und Whisman (2003) finden sich Anregungen für die Behandlung weiterer Störungsbilder (vgl. Angststörungen, Essstörungen, sexuelle Funktionsstörungen) und Hinweise auf die besonderen Probleme, die sich aus dem Zusammenhang von familiären Konflikten mit der jeweiligen Störung ergeben und wie diese im Gesamtbehandlungsplan berücksichtigt werden können. Die nachfolgende Tabelle 7.1 gibt einen Überblick zu den wesentlichen Anwendungsgebieten.

Bezogen auf das Setting kommen paartherapeutische Interventionen insbesondere als alleinige Intervention hauptsächlich im ambulanten Setting zum Einsatz. Im stationären Setting spielen Paargespräche bisher häufig eine untergeordnete Rolle, obwohl diese bei der Aufnahme und zur Entlassungsvorbereitung sinnvoll sind. Nur wenige Kliniken setzen derzeit das EPL in modifizierter Form zur Rückfallvermeidung, z. B. bei Alkoholabhängigkeit, als ein zusätzliches Therapieangebot für Paare am Wochenende ein.

7 Settings und Anwendungsgebiete

Tab. 7.1: Anwendungsgebiete

Psychische Störungen	Somatische Erkrankungen	Mögliche interpersonelle Besonderheiten
• Schizophrenie • Depression • Bipolare Störungen • Alkoholabhängigkeit • Angststörungen • Posttraumatische Belastungsstörung • Essstörungen • Demenzen	• Chronische Schmerzen • Unfruchtbarkeit • Bluthochdruck • Tumorerkrankungen • Schwerbehinderung • Typ-2-Diabetes	• Sexuelle Störungen • Eifersucht, Untreue • Gewalt in Ehe und Familie • unverheiratete Paare • Risikogruppen (z. B. Soldaten) • kreuzkulturelle Paare • homosexuelle Paare

8 Therapeutische Beziehung

Zu Beginn des Erstgespräches hat der Therapeut zunächst zwei Aufgaben: 1) Er sollte den sich vor seinen Augen anbahnenden Zwangsprozess nicht zulassen. Denn nur wenn der Zwangsprozess unterbunden wird, ist eine empathische, wertschätzende Exploration der konflikthaften Inhalte *und* eine Selbstöffnung beider Partner möglich. 2) Er muss das Paar hinsichtlich der Gesprächsführung sozialisieren, in dem er das Prinzip der »Einzeltherapie in der Paartherapie« etabliert. Wie Abbildung 8.1 zeigt, sitzt der Therapeut hierfür beiden Partnern gegenüber und achtet auf einen wechselnden Blickkontakt, möglichst mit einer gleichmäßigen Beachtung beider Partner.

Der Therapeut ist darum bemüht, die Partner immer im Wechsel, zeitlich ausbalanciert (zwei bis drei Minuten), zu explorieren, sich wesentliche Inhalte beschreiben zu lassen und partnerschaftsrelevante Aspekte (z. B. Einstellungen, primäre Gefühle und Bedürfnisse) zu vertiefen. Er achtet selbstverständlich darauf, dass er mit keinem der beiden Partner eine Koalition eingeht und die jeweiligen Personen ihre individuelle Sichtweise unabhängig und ungestört darlegen können. Dazu lässt er anfangs kein Gespräch zwischen den Partnern zu (»Panzerglasscheibe«).

Im Rahmen der ersten Gespräche befindet sich der Therapeut daher im Zentrum des Interaktionsdreiecks. Er fungiert als Modell für eine angemessene Kommunikation und realisiert die Zuhörerfertigkeiten. Dabei sollte er für hohe Transparenz sorgen und zu jeder Zeit die verfolgten Ziele seines Handelns darlegen, da er die Verantwortung für den Therapieprozess übernimmt.

8 Therapeutische Beziehung

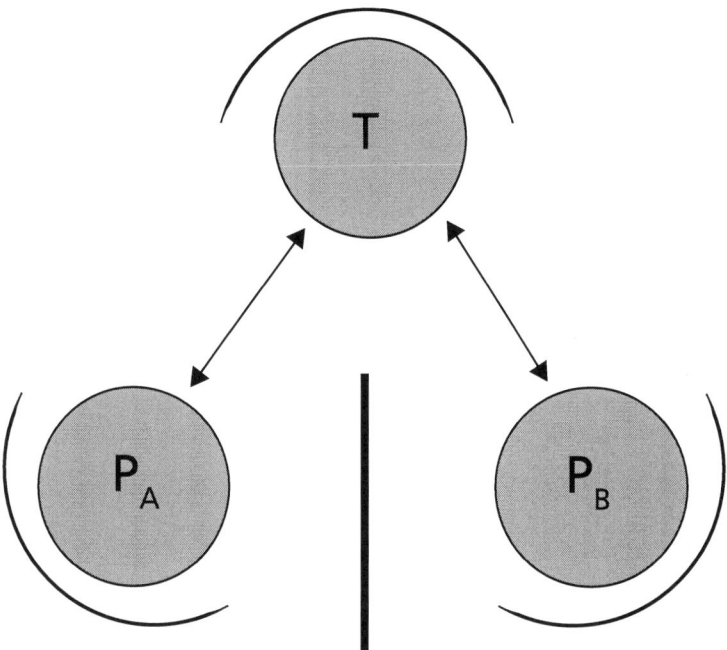

Abb. 8.1: Position des Therapeuten (in Anlehnung an Bodenmann 2012, S. 95)

Beispiel für einen möglichen Einstieg

»Um Ihre unterschiedlichen Sichtweisen kennenzulernen, beschreiben Sie mir bitte nacheinander, was Sie zu mir führt. Ich werde zunächst nur einen von Ihnen beiden zuhören können, vielleicht auch ein paar Fragen stellen, um alle Informationen zu erhalten, damit ich Ihre Sichtweise bestmöglich verstehen kann. Wer möchte anfangen?« (eine Person setzt zum Sprechen an.)

Th. wendet sich der Person zu, die zunächst nicht sprechen wird: »Selbstverständlich kommen Sie auch gleich dran und können ihre Sicht auch darlegen.«

Th. wendet sich der Person zu, die die Sprecherrolle übernommen hat und lächelt ermunternd.

Es versteht sich von selbst, dass der Therapeut während der Exploration weder die Rolle eines Schiedsrichters einnimmt noch inhaltliche Wertungen abgibt. Er gibt keinen Rat bezüglich Trennungen oder Problemlösestrategien, sondern unterstützt und hilft bei der Problemlösung.

> **Idealer Verlauf eines Erstgespräches**
>
> 1. Unterbindung des Zwangsprozesses!
> 2. Exploration von ca. zwei konflikthaften Themen mit dem Ziel, die Gemeinsamkeit (in der Regel Enttäuschung, Hilflosigkeit, Verletzung) herauszuarbeiten und zusammenzufassen!
> 3. Anschließend den Reattributionsprozess nahelegen: »*Viele Paare geraten in eine Falle, aus der sie nicht mehr herauskommen* (siehe Scheidungsrate oder prominente Beispiele), *aber nur wenige haben die Stärke und den Mut sich Hilfe zu holen!*«
> 4. Bereiche ohne Konflikte benennen lassen bzw. gelöste Konflikte in der Problemliste (wenn bekannt) zurückmelden!
> 5. Nach Stärken der Beziehung fragen: »*Was hält Sie zusammen?*«, »*Was macht Sie als Paar aus?*«
> 6. Wichtige Aspekte zusammenfassen (lassen) und ggf. Aufgabe aufgeben: »*Fotos aus guten alten Tagen!*« oder »*Den anderen dabei erwischen, wie er mir etwas Gutes tut!*«

Bei hochstrittigen Paaren kann es im Erst- und den Folgegesprächen wichtig sein, folgende *Regeln für das Therapeutenverhalten* zu beachten und beide Partner entsprechend darauf vorzubereiten, dass – direktiv – :

- der Therapeut unterbricht, wenn ein Partner zu lange redet, um eine Gleichverteilung in den Schilderungen zu erreichen, und dann zusammenfasst, um anschließend dem anderen Partner die Möglichkeit der Darstellung seiner Sichtweise zu geben.
- der Therapeut unterbricht, wenn zu detailliert oder zu viel von der Vergangenheit gesprochen wird, um auf konkrete Situationen im Alltag und im Erleben zu fokussieren.

- der Therapeut, wenn Partner A von Partner B spricht, anschließend auch Partner B nach seiner Sichtweise fragen wird, um die Unterschiede und Gemeinsamkeiten kennen- und entdecken zu lernen.
- der Therapeut jede Frage auch an den anderen Partner richten wird, um fair gegenüber beiden zu sein.
- der Therapeut bei gegenseitigen Unterbrechungen im Gesprächsverlauf Hinweise geben wird, den jeweils anderen Partner aussprechen zu lassen.

Im Verlauf einer Paartherapie und insbesondere bei Paarübungen verändert sich die Position des Therapeuten. Er rückt aus dem Zentrum des Interaktionsdreiecks diskret in den Hintergrund, sodass sich beide Partner gegenübersitzen und die Interaktion nun zwischen dem Paar abläuft. In dieser Funktion supervidiert der Therapeut im Sinne eines »Coaches« das Gespräch des Paares unter Anwendung von Verstärkung, Prompting und Shaping (▶ Kap. 5.1.3), mit dem Ziel, dem Paar möglichst viele Lernerfahrungen zu ermöglichen (▶ Abb. 8.2).

Während des gesamten Behandlungsverlaufs muss der Therapeut flexibel in Abhängigkeit von der Interaktion des Paares und der jeweiligen Intervention sein Verhalten moderieren. Schnelle Wechsel von einer kurzen psychoedukativen Vermittlung (z. B. des »Beziehungskontos«), zu einer direktiven Instruktion (z. B. zur Wiederherstellung des Blickkontaktes bei Aktivierung von Schuld und Scham), die Unterstützung des Paares als Coach bzw. als empathisches, wertschätzendes Modell beim Austausch von Gedanken, Gefühlen und Bedürfnissen (z. B. während des Kommunikationstrainings bzw. der Trichtermethode) können innerhalb weniger Minuten einer Sitzung vorkommen und bedürfen des Trainings und der (anfangs engmaschigen) Supervision.

Die KVPT wird herkömmlich mit einem Therapeuten durchgeführt. Gerade Anfängern wird häufiger empfohlen, die *Behandlung mit zwei Therapeuten* durchzuführen. Dabei ist allerdings zu beachten, dass die Geschlechter ausgewogen im Vierer-Setting repräsentiert werden und klare Absprachen zwischen Therapeuten hinsichtlich Aufgabe und Funktion getroffen werden (z. B.: Welcher Therapeut unterstützt welchen Partner? Welcher Therapeut ist federführend aktiv; welcher unterstützt und hat den Überblick?). Dieses Vorgehen ist unökonomisch und ist nur in der Trainingsphase der Therapeuten durchzuführen.

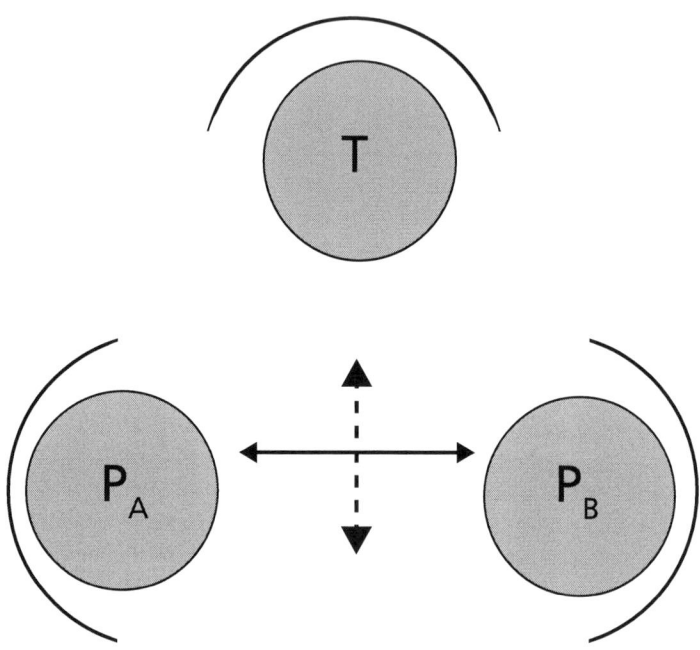

Abb. 8.2: Position des Therapeuten (in Anlehnung an Bodenmann 2012, S. 96)

9 Wissenschaftliche Evidenz

Eine detaillierte Darstellung der Evidenzen kann im vorgegebenen Rahmen dieses Buches nicht erfolgen; es werden im Folgenden nur wichtige Argumentationslinien mit Blick auf die therapeutisch Tätigen skizziert. Für Interessierte wird auf einen aktuellen und ausführlichen Überblick hingewiesen (Bradbury und Bodenmann 2020).

In einer Meta-Analyse kontrollierter Studien (k = 30) wurde die Wirksamkeit von (K)VPT im Vergleich zu keiner Behandlung mit einer Effektstärke von d = 0.59 geschätzt (Shadish und Baldwin 2005). Diese fiel im Vergleich zu einer älteren Meta-Analyse kleiner aus, möglicherweise weil in der vorhergehenden Analyse nicht-publizierte Studien ausgeschlossen wurden und daher eine Publikationsverzerrung vorliegen könnte. In der älteren Meta-Analyse (Hahlweg und Markman 1988) zur VPT ergab sich eine Effektstärke von ES = 0.95 ein Jahr nach der Behandlung (k = 17). Dieser Wert bedeutet, dass die Chance für ein Paar, sich in Bezug auf die Ehequalität zu verbessern, in den Kontrollgruppen 28 %, in den VPT-Gruppen dagegen 72% betrug. Insgesamt kann davon ausgegangen werden, dass sich unter Berücksichtigung der klinischen Signifikanz nach VPT ca. 50 % der Paare erheblich und ca. 30 % leicht verbessern werden. Etwa 15 % der Paare lösen die Beziehung anschließend durch Scheidung oder Trennung auf, wobei schwer zu bestimmen ist, ob dies Ergebnis als Erfolg oder Misserfolg zu bewerten ist.

Allerdings sind einzelne gut durchgeführte RCTs möglicherweise wertvoller als die meta-analytische Zusammenfassung von Studienergebnissen, die teilweise auf kleinen Stichproben beruhen, ältere Vorgehensweisen untersuchen und unter Studienbedingungen entstanden sind, die dem heutigen wissenschaftlichen Vorgehen (z. B. fehlende Stratifizierung von Merkmalen und Sicherung der Behandlungsintegrität) nicht mehr entsprechen. Daher soll nun eine Studie herausgegriffen werden, die zwei KVPT-Ansätze vergleicht.

So wurden Akzeptanzstrategien unter der Annahme vorgeschaltet, dass Veränderungsstrategien bei einigen Paaren zu Beginn auf Ablehnung stoßen (Jacobson und Christensen 1998). In einer RCT wurden 134 Paare zufällig der KVPT bzw. der integrativ-behavioralen Paartherapie (IBPT) zugeordnet (Christensen et al. 2010). Die Partnerschaftszufriedenheit wurde am Ende der Behandlung in der IBPT-Bedingung etwas höher, aber nicht statistisch signifikant, als in der KVPT eingeschätzt (d = 0.90 für IBCT bzw. d = 0.71 für KVPT). Zwei Jahre später war die IBPT der KVPT überlegen. Allerdings zeigte sich nach fünf Jahren in beiden Behandlungsbedingung eine gleichermaßen hohe Effektstärke im Hinblick auf die Partnerschaftszufriedenheit (d = 1.03 für IBPT bzw. d = 0.92 für KVPT). 50 % der IBPT-Paare und ca. 46 % der KVPT-Paare berichteten von einer klinisch signifikanten Verbesserung. Ausgehend von den 134 Paaren waren fast 26 % der IBPT-Paare und ca. 28 % der KVPT-Paare getrennt oder geschieden.

Emotionsfokussierte Paartherapie im Vergleich. Im Vergleich zu einer verhaltenstherapeutischen Paartherapie (VPT) untersuchten Greenberg und Johnson (1986) die EFPT mit Anlehnungen an humanistisch-gestalttherapeutische Methoden (Johnson 1996). Beide Verfahren erwiesen sich als wirksam im Vergleich zu einer Wartelistenkontrollgruppe. Bei einigen Maßen erwies sich die EFPT signifikant wirksamer als die VPT-Bedingung. Allerdings darf daraus nicht geschlossen werden, dass die EFPT klinisch bedeutsam überlegen ist. Zudem die Studie nicht von verfahrensunabhängigen Arbeitsgruppen verantwortet wurde. Derartige Vergleiche der EFPT mit älteren Formen der VPT sind in einer Meta-Analyse eingegangen (Rathgeber et al. 2018; k = 33), wonach die Effektstärken im Anschluss der Behandlung und sechs Monate später in den EFPT-Bedingungen etwas höher (allerdings nicht signifikant) ausfielen als in den VPT-Bedingungen (prä-post-EFPT: g = 0.73; VPT: g = 0.53; total: g = 0.60; sowie EFPT: g = 0.66 VPT: g = 0.35; total: g = 0.44). Jedoch zeigte sich auch, dass derzeit keine Studie für EFPT mit einer Erhebung nach zwölf Monaten vorliegt. Eine Aussage zur Nachhaltigkeit der EFPT im Vergleich zur KVPT bzw. IBPT ist derzeit nicht möglich. Ein direkter Vergleich dieser Ansätze mit der EFPT in einer randomisierten kontrollierten Studie (RCT), operationalisiert durch aktuelle Behandlungsmanuale und appliziert bei einer angemessen großen Stichprobe, ist bislang nicht erfolgt.

Kritisch soll darauf hingewiesen werden, dass einige ältere Studien nicht den aktuellen Gütekriterien für RCTs entsprechen, Studienstichproben klein waren (< 20 Paare pro Behandlungsarm), keine aktiven Behandlungen zum Vergleich herangezogen und bestimmte Kennwerte (u. a. die Response- und Abbruchrate) nicht ermittelt wurden. Zudem ist die Unabhängigkeit der Studiendurchführung und die Behandlungsintegrität fast immer nicht gewährleistet.

Wirksamkeit in der täglichen Praxis. Aus Übersichten und Meta-Analysen (z. B. Grawe et al. 1994; Heekerens 2000) wird deutlich, dass viele der bislang praktizierten Paartherapien und Beratungsformen im deutschsprachigen Raum bis heute kaum oder gar nicht empirisch abgesichert sind. Die Effekte von kirchlicher Eheberatung im deutschsprachigen Raum wurden in einer quasiexperimentellen, prospektiven Studie untersucht (Klann und Hahlweg 1994). Nach Beendigung der Beratung gaben Paare in verschiedenen Bereichen Verbesserungen an, allerdings waren die Effekte gering ausgeprägt. Es ergab sich eine kleine Effektstärke von ES = 0.27.

Ausblick. Die Erweiterung durch Akzeptanzstrategien, kognitive Interventionen oder der EFPT könnte bei den Paaren zusätzliche Effekte erzielen, die derzeit weniger profitieren. Die Hinzufügung eines Kommunikationstrainings zur EFPT erbrachte allerdings keine andauernde Verbesserung. Vor allem sollte untersucht werden, wie zusätzliche Verfahren optimal mit den verhaltensorientierten Bausteinen zu koordinieren sind. Dazu ist eine verstärkte Therapieprozessforschung notwendig. Die Ergebnisse würden auch wertvolle Hinweise dafür liefern können, wie die Ausbildung von Paartherapeuten und deren Supervision zu verbessern sind.

Bisher liegen nur wenige Studien zur Prädiktion des Therapieerfolges vor. Paare, die zu Beginn des Reziprozitätstrainings emotional und sexuell distanziert waren und bei denen die Frau über eine stark reduzierte Kommunikation klagt, scheinen nur wenig zu profitieren. Entgegen den Erwartungen bestand kein Zusammenhang zwischen dem Therapieerfolg und der Negativität, mit der Konflikte ausgetragen werden, bzw. der absoluten Zahl von unbewältigten Konflikten.

Die geringe Effektivität der Eheberatung im deutschsprachigen Raum ist angesichts der hohen Effektstärken im Forschungsbereich auffallend. Natürlich sind Berater weniger geschult als Therapeuten in Forschungsprojekten, doch leider kommen in der Eheberatung evidenzbasierte Verfahren auch kaum zur Anwendung. Psychische Störungen werden in der Beratung weder diagnostiziert, noch dürften sie behandelt werden. Umgekehrt können qualifizierte Psychotherapeuten Paartherapie gegenwärtig nicht (vollständig) abrechnen. Bisher steht noch eine ethische wie öffentliche Diskussion über diese Ergebnisse und die gesundheitspolitischen Rahmenbedingungen aus.

10 Institutionelle Verankerung und Informationen zur Aus-, Fort- und Weiterbildung

Der Begriff Paartherapeut ist kein juristisch geschützter Begriff, wodurch ein Rückschluss von dem Begriff auf die Kompetenz nicht einfach ist. Es existiert eine Vielzahl von Angeboten, die sich an unterschiedliche Zielgruppen richten und im zeitlichen Umfang stark variieren.

Im Folgenden werden drei Fort- und Weiterbildungsmöglichkeiten vorgestellt, die sich an wissenschaftlichen Standards orientieren.

Studiengang Paartherapie

- Anbieter: Zentrum für Weiterbildung der Universität Zürich
- Inhalte der Fort-/Weiterbildung: Kommunikations- und Problemlösetraining; kognitive, emotions- und bewältigungszentrierte Methoden; Vorgehensweisen bei sexuellen Problemen
- Ort: Zürich
- Zeitlicher Aufwand: 1,5 Jahre
- Zielgruppe: Psychologen mit Masterabschluss. Bei entsprechend äquivalenter Qualifikation werden auch Sozialarbeiter, Ärzte mit therapeutischen Weiterbildungen und Fachpersonen mit Tätigkeiten in der Paar-, Ehe- und Familienberatung zugelassen.
- Abschluss: Certificate of Advanced Studies der Universität Zürich in Paartherapie
- Weiterführende Informationen: https://www.paarlife.ch/

Weiterbildung/Aufbauseminare Paartherapie

1. Anbieter: Weiterbildungsinstitut der Universität Hildesheim

- Inhalte der Fort-/Weiterbildung: Kommunikations- und Problemlösetraining; kognitive, emotions- und bewältigungsorientierte Methoden; Vorgehensweisen bei spezifischen Herausforderungen (z. B. Affäre, Gewalt) und zur Förderung von Vergebung bzw. Intimität bzw. Sexualität
- Ort: Hildesheim
- Zeitlicher Aufwand: vier Basis-, sechs Aufbau- und zwei Fallseminare
- Zielgruppe: Psychologen mit Masterabschluss. Bei entsprechend äquivalenter Qualifikation werden auch Sozialarbeiter, Ärzte mit therapeutischen Weiterbildungen und Fachpersonen mit Tätigkeiten in der Paar-, Ehe- und Familienberatung zugelassen.
- Abschluss: Zertifikat der Universität Hildesheim

2. Anbieter: Deutsche Gesellschaft für Verhaltenstherapie
- Inhalte der Fort-/Weiterbildung: Vertiefung von Fertigkeiten und Förderung von Verständnis für konkrete Krisen und Herausforderungen einer Liebesbeziehung. Der Schwerpunkt des Curriculums liegt auf dem Ansatz der differenzierungsbasierten Paartherapie.
- Ort: München
- Zeitlicher Aufwand: vier Basis-, acht Aufbau- und drei Fallseminare
- Zielgruppe: Personen mit abgeschlossener Psychotherapieausbildung
- Abschluss: Zertifikat »Paartherapie (DGVT)«
- Weiterführende Informationen: https://www.dgvt-fortbildung.de/seminarliste

Fortbildung Paarkommunikationstraining KOMKOM

- Anbieter: Institut für Forschung und Ausbildung in Kommunikationstherapie e. V.
- Inhalte der Fort-/Weiterbildung: Inhalte des wissenschaftlich fundierten Paarkommunikationstrainings
- Ort: München
- Zeitlicher Aufwand: zwei drei-tägige Blocktermine

- Zielgruppe: Psychotherapeuten, Familientherapeuten und Ehe-, Familien- und Lebensberater
- Abschluss: Die Fortbildung wird von der Psychotherapeutenkammer angerechnet
- Weiterführende Informationen: https://www.institutkom.de/fortbildung/fortbildung-trainer.html

Im Rahmen der Ausbildung zum Psychologischen Psychotherapeut werden Seminare zum Thema Paartherapie bei einzelnen Unith-Instituten im Curriculum angeboten.

Literatur

Abramowitz JS, Deacon BJ, Whiteside SPH (2011) Exposure Therapy for Anxiety: Principles and Practice. New York: Guilford Press.

Allen ES, Atkins DC (2012) The association of divorce and extramarital sex in a representative U.S. sample. Journal of Family Issues 33: 1477–1493.

Angermeyer MC, Matschinger H, Liebelt P (2001) Befindlichkeitsstörungen der Eltern von Patienten mit Schizophrenie und affektiven Störungen. Psychotherapie Psychosomatik Medizinische Psychologie 51: 255–260.

Annon JS (1974) Behavioral treatment of sexual problems. Honolulu, HI: Enabling Systems.

Arentevicz G, Schmidt G (1993) Sexuell gestörte Beziehungen. Konzept und Technik der Paartherapie. 3. Aufl. Berlin, Heidelberg, New York: Springer Verlag.

Babcock JC, La Taillade JJ (2000) Evaluating interventions for men who batter. In: Vincent J, Jouriles EN (Hrsg.) Domestic violence: Guidelines for research-informed practice. London: Jessica Kingsley. S. 37–77.

Bandura A (1971) Social learning theory. New York: General Learning Press.

Barbach LG (2004) For Yourself. Die Erfüllung weiblicher Sexualität. 21. Aufl. München: Ullstein.

Baronet A (1999) Factors associated with caregiver burden in mental illness: a critical review of the research literature. Clinical Psychological Review 19: 819–841.

Baucom DH (1982) A comparison of behavioral contracting and problem-solving/communications training in behavioral marital therapy. Behavior Therapy 13: 162–174.

Baucom DH, Epstein N (1990) Brunner/Mazel cognitive therapy series. Cognitive-behavioral marital therapy. New York: Brunner/Mazel.

Baucom DH, Epstein N, Rankin LA (1995) Cognitive aspects of cognitive-behavioral marital therapy. In: Jacobson NS, Gurman AS (Hrsg.) Clinical handbook of couple therapy. New York: The Guilford Press. S. 65–90.

Baucom DH, Epstein NB, Kirby JS, LaTaillade JJ (2015) Cognitive-behavioral couple therapy. In: Gurman AS, Lebow JL, Snyder DK (Hrsg.) Clinical handbook of couple therapy. New York: The Guilford Press. S. 23–60.

Baucom DH, Lester GW (1986) The usefulness of cognitive restructuring as an adjunct to behavioral marital therapy. Behavior Therapy 17: 385–403.

Baucom DH, Shoham V, Mueser KT, Daiuto AD, Stickle TR (1998) Empirically supported couple and family Interventions for marital distress and adult mental health problems. Journal of Consulting and Clinical Psychology 66: 53–88.

Beck AT, Rush AJ, Shaw BF, Emery G (1994) Cognitive therapy of depression. New York: Guilford Press.

Beier KM, Bosinski HAG, Loewit K (2005) Sexualmedizin. 2. Aufl. München, Jena: Elsevier, Urban & Fischer.

Beier KM, Loewitt K (2004) Lust in Beziehung. Einführung in die Syndyastische Sexualtherapie als fächerübergreifendes Therapiekonzept der Sexualmedizin. Heidelberg: Springer-Verlag.

Beier KN, Loewitt KK (2011) Praxisleitfaden Sexualmedizin. Von der Theorie zur Therapie. Heidelberg: Springer-Verlag.

Berry JW, Worthington EL, Parrott L III, O'Connor LE, Wade NG (2001) Dispositional forgivingness: Development and construct validity of the transgression narrative test of forgivingness (TNTF). Personality and Social Psychology Bulletin 27: 1277–1290.

Beutel ME, Burghardt J, Tibubos AN, Klein EM, Schmutzer G, Brähler E. (2018) Declining Sexual Activity and Desire in Men-Findings From Representative German Surveys, 2005 and 2016. J Sex Med.15: 750–756.

Bloom BL, Asher SJ, White SW (1978) Marital disruption as a stressor: A review and analysis. Psychological Bulletin 85: 867–894.

Bodenmann G (1995) Bewältigung von Stress in Partnerschaften. Der Einfluss von Belastungen auf die Qualität und Stabilität von Paarbeziehungen. Bern: Verlag Hans Huber.

Bodenmann G (2000) Stress und Coping bei Paaren. Göttingen: Hogrefe.

Bodenmann G (2004) Verhaltenstherapie mit Paaren. Ein modernes Handbuch für die psychologische Beratung und Behandlung. Bern: Huber.

Bodenmann G (2008) DCI – Dyadisches Coping Inventar. Göttingen: Hogrefe Verlag.

Bodenmann G (2009) Depression und Partnerschaft. Hintergründe und Hilfen. Bern: Huber.

Bodenmann G (2012) Verhaltenstherapie mit Paaren. 2. Aufl. Bern: Verlag Hans Huber.

Bodenmann G (2016) Lehrbuch Klinische Paar- und Familienpsychologie. 2. Aufl. Göttingen: Hogrefe.

Bodenmann G, Bradbury TN, Madarasz S (2002) Scheidungsursachen und -verlauf aus der Sicht der Geschiedenen. Zeitschrift für Familienforschung 14: 5–20.

Bodenmann G, Charvoz L, Bradbury TN, Bertoni A, Iafrate R, Giuliani C, Banse R, Behling J (2007) The Role of Stress in Divorce: A Retrospective Study in Three Nations. Journal of Social and Personal Relationships 24: 707–728.

Bodenmann G, Cina A (1999) Der Einfluss von Stress, individueller Belastungsbewältigung und dyadischem Coping auf die Partnerschaftsstabilität: Eine 4-Jahres-Längsschnittstudie. Zeitschrift für Klinische Psychologie 28: 130–139.

Bodenmann G, Cina A (2000) Stress und Coping als Prädiktoren für Scheidung: Eine prospektive 4-Jahres-Längsschnittstudie. Zeitschrift für Familienforschung 12: 5–20.

Bodenmann G, Plancherel B, Beach SR, Widmer K, Gabriel B, Meuwly N, Charvoz L, Hautzinger M, Schramm E (2008) Effects of coping-oriented couples therapy on depression: A randomized clinical trial. Journal of Consulting and Clinical Psychology 76: 944–954.

Bono G, McCullough ME, Root LM (2008) Forgiveness, feeling connected to others, and well-being: Two longitudinal studies. Personality and Social Psychology Bulletin 34: 182–195.

Bradbury T, Bodenmann G (2020) Interventions for couples. Annual Review of Clinical Psychology:16: 99–123.

Bradbury TN, Fincham FD (1992) Attributions and behavior in marital interaction. Journal of Personality and Social Psychology 6: 613–628.

Brzank P, Hellbernd H, Maschewsky-Schneider U (2004) Häusliche Gewalt gegen Frauen: Gesundheitsfolgen und Versorgungsbedarf–Ergebnisse einer Befragung von Erste-Hilfe-Patientinnen im Rahmen der S.I.G.N.A.L.–Begleitforschung. Das Gesundheitswesen 66: 164–169.

Buddeberg C (1987) Die krebskranke Frau – Außenseiterin oder Mittelpunkt in der Familie? In: Stauber M, Diederichs P (Hrsg.) Psychosomatische Probleme in der Gynäkologie und Geburtshilfe 1986. Berlin, Heidelberg: Springer. S. 175–180.

Bundeskriminalamt (BKA) (2017) Partnerschaftsgewalt. Kriminalstatistische Auswertung–Berichtsjahr 2017. Wiesbaden: BKA.

Burghardt J, Beutel ME, Hasenburg A, Schmutzer G, Brähler E (2020) Declining Sexual Activity and Desire in Women: Findings from Representative German Surveys 2005 and 2016. Arch Sex Behav 49: 919–925.

Burkemper EM (2002) Family therapist's ethical decision-making processes in two duty-to warn situations. Journal of Marital and Family Therapy 28: 203–211.

Büsing S, Hoppe C, Liedtke R (2001) Sexuelle Zufriedenheit von Frauen – Entwicklung und Ergebnisse eines Fragebogens. Psychother Psych Med 2001 51: 68–75.

Buss DM (1995) Psychological sex differences: Origins through sexual selection. American Psychologist 50: 164–168.

Bussolotti D, Fernández-Aranda F, Solano R, Jiménez-Murcia S, Turón V, Vallejo J (2002) Marital status and eating disorders: An analysis of its relevance. Journal of Psychosomatic Research 53: 1139–1145.

Butzlaff RL, Hooley JM (1998) Expressed emotion and psychiatric relapse. Archives of General Psychiatry 55: 547–552.

Cano A, O'Leary KD (2000) Infidelity and separations precipitate major depressive episodes and symptoms of nonspecific depression and anxiety. Journal of Consulting and Clinical Psychology 68: 774–781.
Carr D, Springer KW (2010) Advances in families and health research in the 21th century. Journal of Marriage and Family 72: 743–761.
Choi KH, Catania JA, Dolcini M (1994) Extramarital sex and HIV risk behavior among US adults: results from the National AIDS Behavioral Survey. American Journal of Public Health 84: 2003–2007.
Christensen A, Atkins D C, Baucom B, Yi J (2010) Marital status and satisfaction five years following a randomized clinical trial comparing traditional versus integrative behavioral couple therapy. Journal of Consulting and Clinical Psychology 78(2): 225–235.
Coker AL, Davis KE, Arias I, Desai S, Sanderson M, Brandt HM, Smith PH (2002) Physical and mental health effects of intimate partner violence for men and women. American Journal of Preventive Medicine 23: 260–268.
Cupach WR, Comstock J (1990) Satisfaction with sexual communication in marriage: Links to sexual satisfaction and dyadic adjustment. Journal of Social and Personal Relationships 7: 179–186.
D'Zurilla TJ, Goldfried MR (1971) Problem Solving And Behavior Modification. Journal Of Abnormal Psychology 78: 107–126.
Desirat K, Herrath F (1992) Sex, Lust und Leben. Sexuelle Partnerschaft (Bd. 1–4). Duisburg: Atlas Film.
Dunn RL, Schwebel AI (1995) Meta-analytic review of marital therapy outcome research. Journal of Family Psychology 9: 58–68.
Ellsberg M, Jansen HA, Heise L, Watts CH, Garcia-Moreno C, WHO Multi-country Study on Women's Health and Domestic Violence against Women Study Team (2008) Intimate partner violence and women's physical and mental health in the WHO multi-country study on women's health and domestic violence: an observational study. Lancet 371: 1165–72.
Engl J, Thurmaier F (2007) Gelungene Kommunikation... damit die Liebe bleibt. München: Preview Production.
Engl J, Thurmaier F (2010) Gelungene Kommunikation... damit die Liebe bleibt. 2. Aufl. München: Preview Production.
Engl J, Thurmaier F (2012) Gelungene Kommunikation... damit die Liebe bleibt 3. Aufl. München: Preview Production.
Epstein N, Eidelson RJ (1981) Unrealistic beliefs of clinical couples: Their relationship to expectations, goals and satisfaction. American Journal of Family Therapy 9: 13–22.
Epstein NB, Baucom DH (2002) Enhanced cognitive-behavioral therapy for couples: A contextual approach. Washington DC: American Psychological Association.
Epstein NB, Werlinich CA, LaTaillade JJ (2015) Couple Therapy for Partner Aggression. In: Gurman AS, Lebow JL, Snyder DK (Hrsg.) Clinical Handbook of Couple Therapy. New York: Guildford Publications. S. 389–412.

European Union Agency for Fundamental Rights (FRA) (2014) Violence against women: An EU-wide survey. (http://fra.europa.eu/sites/default/files/fra-2014-vaw-survey-main-results-apr14_en.pdf, Zugriff am 07.03.2019).

Fahrner E-M, Kokott G (2003) Sexualtherapie. Ein Manual zur Behandlung sexueller Funktionsstörungen bei Männern. Göttingen: Hogrefe.

Fahrner-Tutsek E-M, Kockott G (2015) Sensualitätstraining. In: Linden M, Hautzinger M (Hrsg.) Verhaltenstherapiemanual. Berlin, Heidelberg: Springer-Verlag. S. 243–246.

Ferrari G, Agnew-Davies R, Bailey J, Howard L, Howarth E, Peters TJ, Sardinha L, Feder GS (2016) Domestic violence and mental health: a cross-sectional survey of women seeking help from domestic violence support services. Global Health Action 8: 29890.

Ferroni P, Taffe J (1997) Women's emotional well-being: The importance of communicating sexual needs. Sexual and marital therapy: journal of the Association of Sexual and Marital Therapists 12: 127–138.

Fincham FD, Beach SRH (2002) Forgiveness in marriage: Implications for psychological aggression and constructive communication. Personal Relationships 9: 239–251.

Fincham FD, Beach SRH (2007) Forgiveness and marital quality: Precursor or consequence in well-established relationships? The Journal of Positive Psychology 2: 260–268.

Fincham FD, Beach SRH, Davila J (2007) Longitudinal relations between forgiveness and conflict resolution in marriage. Journal of Family Psychology 21: 542–545.

Fincham FD, Bradbury TN (1987) The impact of attributions in marriage: A longitudinal analysis. Journal of Personality and Social Psychology 53: 510–517.

Fincham FD, Bradbury TN (1993) Marital satisfaction, depression, and attributions: A longitudinal analysis. Journal of Personality and Social Psychology 64: 442–452.

Fischer MS, Baucom DH, Cohen MJ (2016) Cognitive-Behavioral Couple Therapies: Review of the Evidence for the Treatment of Rleationship Distress, Psychopathology, and Chronic Health Conditions. Family Process 55: 423–442.

Fliegel S, Neumann H, Paar F (1984) Kommunikation, Zufriedenheit und Verstehen in der sexuellen Partnerbeziehung. Partnerberatung 1: 1–9.

Fliegel S, Veith A (2010) Was jeder Mann über Sexualität und sexuelle Probleme wissen will: Ein Ratgeber für Männer und Ihre Partnerinnen. Göttingen: Hogrefe-Verlag.

Foran HM, Slep AMS, Heyman RE (2011) Prevalences of intimate partner violence in a representative US Air Force sample. Journal of consulting and clinical psychology 79: 391–397.

Frank E, Anderson C, Rubinstein D (1978) Frequency of sexual dysfunction in »normal couples«. New English Journal of Medicine 299: 111–115.

Friedman M, Dixon A, Brownell K, Whisman M, Wilfley Denise (1999) Marital status, marital satisfaction, and body image dissatisfaction. The International journal of eating disorders 26: 81–85.

Friedmann MS, McDermut WH, Solomon DA, Ryan CE, Keitner MD, Miller IW (1997) Family Functioning and Mental Illness: A Comparison of Psychiatric and Nonclinical Families. Family Process 36: 357–367.

Gagnon JH, Rosen RC, Leiblum SR (1982) Cognitive and social aspects of sexual dysfunction: Sexual scripts in sex therapy. Journal of Sexual and Marital Therapy 8: 44–56.

Geo (2016) GEO-UMFRAGE: Leben ändern nach Lottogewinn? So antwortet Deutschland. (http://www.geo.de/magazine/geo-magazin/14989-bstr-leben-aendern-nach-lottogewinn-so-antwortet-deutschland/211015-img-dauerhafte-und-glueckliche-beziehung. Zugriff am 05.10.2020).

Golding JM (1999) Intimate partner violence as a risk factor for mental disorders: a meta-analysis. Journal of family violence 14: 99–132.

Goodman R (1997) The Strengths and Difficulties Questionnaire. A research note. Journal of Child Psychology and Psychiatry 38: 581–586.

Gordon KC, Baucom DH, Snyder DK (2004) An integrative intervention for promoting recovery from extramarital affairs. Journal of Marital and Family Therapy 30: 213–231.

Gottman JM (1994) What predicts divorce? The relationship between marital processes and marital outcomes. Hillsdale, NJ: Lawrence Erlbaum.

Gottman JM, Notarius CI (2000) Decade review: Observing marital interaction. Journal of Marriage and Family 62: 927–947.

Grawe K, Donati R, Bernauer F (1994) Psychotherapie im Wandel. Von der Konfession zur Profession. Göttingen: Hogrefe.

Greenberg LS, Johnson SM (1986) Emotionally focused therapy for couples. New York: Guilford.

Greenman PS, Johnson SM, Wiebe S (2019) Emotionally focused therapy for couples: At the heart of science and practice. In: BH Fiese, M Celano, K Deater-Deckard, EN Jouriles, MA Whisman (Hrsg.) APA handbook of contemporary family psychology: Family therapy and training. American Psychological Association. S. 291–305.

Gromus B (2002) Sexualstörungen der Frau. (Fortschritte der Psychotherapie 16). Göttingen: Hogrefe.

Gromus B (2005) Was jede Frau über weibliche Sexualität wissen will. Ein Ratgeber zu sexuellen Problemen für Frauen und ihre Partner. Göttingen: Hogrefe.

Gruenewald TL, Seeman TE, Ryff CD, Karlamangla AS, Singer BH (2006) Combinations of biomarkers predictive of later life mortality. Proceedings of the National Academy of Sciences Sep 2006 103: 14158–14163.

Gurman AS, Lebow JL, Snyder DK (2015) Clinical Handbook of Couple Therapy. 5. Aufl. New York: Guilford Publications.

Hahlweg K (1986) Partnerschaftliche Interaktion. Empirische Untersuchungen zur Analyse und Modifikation von Beziehungsstörungen. Röttger: München.

Hahlweg K (2016) Fragebogen zur Partnerschaftsdiagnostik (FPD): Partnerschaftsfragebogen PFB Partnerschaftsfragebogen Kurzform PFB-K, Problemliste PL und Fragebogen zur Lebensgeschichte und Partnerschaft FLP-R. 2. neu normierte und erweiterte Auflage. Göttingen: Hogrefe.

Hahlweg K, Dürr H, Dose M, Müller U (2006) Familienbetreuung bei Schizophrenen. Ein verhaltenstherapeutischer Ansatz zur Rückfallprophylaxe. 2. Aufl. Göttingen: Hogrefe.

Hahlweg K, Markman HJ (1988) Effectiveness of behavioral marital therapy: Empirical status of behavioral techniques in preventing and alleviating marital distress. Journal of Consulting and Clinical Psychology 56: 440–447.

Hahlweg K, Richter D (2010) Prevention of marital instability and distress. Results of an 11-year longitudinal follow-up study. Behaviour Research and Therapy 48: 377–383.

Hanel MJ (1998) Ejaculatio praecox. Therapiemanual. Stuttgart: Enke.

Hartmann U (2018) Sexualtherapie. Ein neuer Weg in Theorie und Praxis. Heidelberg: Springer-Verlag.

Hauch M (2013) Paartherapie bei sexuellen Störungen: Das Hamburger Modell – Konzept und Technik. Thieme-Verlag.

Hautzinger M (2015) Protokoll negativer Gedanken (Spaltenprotokoll) In: Linden M, Hautzinger M (Hrsg.) Verhaltenstherapiemanual. Berlin, Heidelberg: Springer-Verlag. S. 209–211.

Haversath J, Gärttner K, Kliem S, Kröger C (2017a) Factorial invariance of the German version of the Marital Offence-Specific Forgiveness Scale (MOFS) – Analysis of couples' data. European Journal of Psychological Assessment 35: 490–497.

Haversath J, Gärttner KM, Kliem S, Vasterling I, Strauss B, Kröger C (2017b) Sexual behavior in Germany – results of a representative survey. Deutsches Ärzteblatt Int 2017 114: 544–50.

Haversath J, Kliem S, Kröger C (2017c) Measuring spousal forgiveness: German version of the Marital Offence-Specific Forgiveness Scale (MOFS). Family Relations 66: 809–823.

Hawkins D, Booth A (2005) Unhappily Ever After: Effects of Long-Term, Low-Quality Marriages on Well-Being. Social Forces 84: 451–471.

Heekerens HP (2000) Wirksamkeit therapeutischer Hilfen für Paare. In: Kaiser P (Hrsg.) Partnerschaft und Paartherapie. Göttingen: Hogrefe. S. 405–421.

Heinrichs N, Zimmermann T (2008) Bewältigung einer gynäkologischen Krebserkrankung in der Partnerschaft. Ein psychoonkologisches Behandlungsprogramm für Paare. Göttingen: Hogrefe.

Henderson-King DH, Veroff J (1994) Sexual satisfaction and marital well-being in the first years of marriage. Journal of Social and Personal Relationships 11: 509–534.

Herbenick D, Mullinax M, Mark K (2014) Sexual Desire Discrepancy as a Feature, Not a Bug, of Long-Term Relationships: Women's Self-Reported Strategies for Modulating Sexual Desire. Journal of sexual Medicine 11: 2196–2206.

Hirschi F, Troxler W (2001) BeziehungsKiste. Die wichtigsten Fragen in der Beziehung. Eine Anleitung für eine bessere Kommunikation in der Partnerschaft. Zürich: Pendo.

Hoch Z, Safir MP, Peres Y, Shepher J (1981) An evaluation of sexual performance – comparison between sexually dysfunctional and functional couples. Journal of Sex & Marital Therapy 7: 195–206.

Höger D, Buschkämper S (2002) Der Bielefelder Fragebogen zu Partnerschaftserwartungen. Zeitschrift für Differentielle und Diagnostische Psychologie 23: 83–98.

Hooley JM (2007) Expressed emotion and relapse of psychopathology. Annual review of clinicla psychology 3: 329–352.

Hötker-Ponath G (2009) Trennung und Scheidung – Prozessbegleitende Interventionen in Beratung und Therapie. Stuttgart: Klett-Cotta.

Hoyndorf S, Reinhold M, Christmann F (1995) Behandlung sexueller Störungen: Ätiologie, Diagnostik, Therapie. Sexuelle Dysfunktionen, Missbrauch, Delinquenz. Weinheim: PVU.

Hughes ME, Waite LJ (2009) Marital biography and health at mid-life. Journal of Health and social behavior 50: 344–358.

Institut für Demoskopie Allensbach (2012) JACOBS Krönung Studie mit der aktuellen Ausgabe. Partnerschaft 2012: Zwischen Herz und Verstand. Ergebnisse einer bevölkerungsrepräsentativen Befragung. (www.jacobskroenung-studie.de/archiv#a-partnerschaft, Zugriff am 09.12.2013).

Jacobson NS (1989) The politics of intimacy. Behavior Therapist 12: 29–32.

Jacobson NS (1992) Behavioral couple therapy: A new beginning. Behavior Therapy 23: 493–506.

Jacobson NS, Christensen A (1998) Acceptance and change in couple therapy: A therapist's guide to transforming relationships. New York: Norton.

Jacobson NS, Follette WC, Revenstorf D, Hahlweg K, Baucom DH, Margolin G (1984) Variability in outcome and clinical significance of behavioral marital therapy: A reanalysis of outcome data. Journal of Consulting and Clinical Psychology 52: 497–504.

Job AK, Bodenmann G, Baucom DH, Hahlweg K (2014) Neuere Entwicklungen in der Prävention und Behandlung von Beziehungsproblemen bei Paaren. Psychologische Rundschau 65: 11–23.

Johnson MP (2005) Domestic violence: it's not about gender – or is it? Journal of Marriage and Family 67: 1126–1130.

Johnson MP (2006) Conflict and control gender symmetry and asymmetry in domestic violence. Violence Against Women 12: 1003–1018.

Johnson MP, Ferraro KJ (2000) Research on domestic violence in the 1990's: making decisions. Journal of Marriage and the Family 62: 948–963.

Johnson S (2019) Attachment in action – Changing the face of 21st century couple therapy. Current Opinion in Psychology 25: 101–104.

Johnson SM (1996) Practice of emotionally focused marital therapy. New York: Brunner/Mazel.

Jose A, O'Leary KD (2009) Prevalence of partner aggression in representative and clinic samples. In: O'Leary LD, Woodin EM (Hrsg.) Psychological and physical aggression in couples: Causes and interventions. Washington, DC: American Psychological Association. S. 15–35.

Kaiser P (2000) Partnerschaft und Paartherapie. Göttingen: Hogrefe.

Kamp Dush CM, Taylor MG, Kroeger RA (2008) Marital Happiness and Psychological Well-Being Across the Life Course. Family relations 57: 211–226.

Kanfer FH, Reinecker H, Schmelzer D (2012) Selbstmanagement-Therapie: Ein Lehrbuch für die klinische Praxis. 5. Aufl. Berlin/Heidelberg: Springer-Verlag.

Kaplan HS (1974) The Classification of the Female Sexual Dysfunctions. Journal of Sex & Marital Therapy 1: 124–138.

Kaplan HS (1979) Disorders of Sexual Desire. New York: Brunner/Mazel.

Karakurt G, Whiting K, Van Esch C, Bolen SD, Calabrese JR (2016) Couples therapy for intimate partner violence: A systematic review and meta-analysis. Journal of Marital and Family Therapy 42: 567–583.

Karney BR, Bradbury TN (1995) The longitudinal course of marital quality and stability: A review of theory, methods, and research. Psychological bulletin 118: 3–34.

Kiecolt-Glaser JK, Gouin JP, Hantsoo L (2010) Close relationships, inflammation, and health. Neuroscience & Biobehavioral Reviews 53: 33–38.

Kiecolt-Glaser JK, Loving TJ, Stowell JR, Malarkey WB, Lemeshow S, Dickinson SL, Glaser R (2005) Hostile marital interactions, proinflammatory cytokine production, and wound healing. Arch Gen Psychiatry 62: 1377–1384.

Kiecolt-Glaser JK, Newton TL (2001). Marriage and health: His and hers. Psychological Bulletin 127: 472–503.

Klann N, Hahlweg K (1994) Beratungsbegleitende Forschung – Evaluation von Vorgehensweisen in der Ehe-, Familien- und Lebensberatung und ihre spezifischen Auswirkungen. Stuttgart: Verlag W. Kohlhammer.

Klann N, Hahlweg K, Heinrichs N (2003) Diagnostische Materialien für die Ehe-, Familien- und Lebensberatung. 2. Aufl. Göttingen: Hogrefe.

Kockott G, Fahrner EM (2000) Sexualstörung des Mannes. Göttingen: Hogrefe.

Körtner K (2017) Häusliche Gewalt. In: Neu P (Hrsg.) Akutpsychiatrie: Das Notfall-Manual. Stuttgart: Schattauer. S. 131–137.

Kriegbaum M, Christensen U, Lund R, Prescott E, Osler M (2008) Job Loss and Broken Partnerships: Do the Number of Stressful Life Events Influence the Risk of Ischemic Heart Disease in Men? Annals of Epidemiology 18: 743–745.

Kröger C (2006) Bereicherung der Sexualität in der Paartherapie. In: Lutz W (Hrsg.) Probleme in Beziehungen und Partnerschaft und ihre Therapie – Ein Lehrbuch der Paartherapie. Göttingen: UTB. S. 212–238.

Kröger C, Reißner T, Vasterling I, Schütz K, Kliem S (2012) Therapy for Couples after an affair: A randomized-controlled trial. Behaviour Research and Therapy 50: 786–796.

Krug EG, Dahlber LL, Merzy JA, Zwi AB, Lozano R (2002) World report on violence and health. Genf: WHO.

Kubany ES, McCaig MA, Laconsay JR (2015) Das Trauma häuslicher Gewalt überwinden. Ein Selbsthilfebuch für Frauen. Göttingen: Hogrefe.

Kurdek LA (1993) Predicting marital dissolution: An 5-year prospective longitudinal study of newlywed couples. Journal of Personality and Social Psychology 64: 221–242.

Lavner JA, Bradbury TN (2010) Patterns of change in marital satisfaction over the newlywed years. Journal of Marriage and Family 72: 1171–1187.

Lexow A, Wiese M, Hahlweg K (2008) Kinder psychisch kranker Eltern. Ihre Chance im Rahmen einer ambulanten Psychotherapie der Eltern zu profitieren. In: Lenz A, Jungbauer J (Hrsg.) Partner und Kinder psychisch kranker Menschen: Belastungen, Hilfebedarf, Interventionskonzepte. Tübingen: DGVT-Verlag. S. 91–112.

Lindenmeyer J (2005) Alkoholabhängigkeit (Fortschritte der Psychotherapie/Manuale für die Praxis) 2. Aufl. Göttingen: Hogrefe Verlag.

LoPiccolo J, LoPiccolo L (1978) Handbook of Sex Therapy. New York: Plenum Press.

Lösel F, Bender D (2000) Theorien und Modelle der Paarbeziehung. In: Grau I, Bierhoff HW (Hrsg.) Sozialpsychologie der Partnerschaft. Berlin: Springer. S. 46–75.

Luchies LB, Finkel EJ, McNulty JK, Kumashiro M (2010) The doormat effect: when forgiving erodes self-respect and self-concept clarity. Journal of Personality and Social Psychology 98: 734–749.

Ludwig B (2002) Anleitung zur sexuellen Unzufriedenheit. In: Künzel W, Kirschbaum M (Hrsg.) Gießener Gynäkologische Fortbildung 2001. Berlin, Heidelberg: Springer. S. 213–215.

Madsen CA, Stith SM, Thomsen CJ, McCollum EE (2012) Violent couples seeking therapy: Bilateral and unilateral violence. Partner Abuse 3: 43–58.

Mankowski ES, Haaken J, Silvergleid CS (2002) Collateral damage: An analysis of the achievements and unintended consequences of batterer intervention programs and discourse. Journal of family violence 17: 167–184.

Martire LM, Helgeson VS (2017) Close Relationships and the management of chronic illness: Associations and interventions. The american Psychologist 72: 601–612.

Martire LM, Schulz R, Helgeson VS, Small BJ, Saghafi EM (2010) Review and meta-analysis of couple-oriented interventions for chronic illness. Annals of Behaviorla Medicine 40: 325–342.

Maß R, Bauer R (2016) Lehrbuch Sexualtherapie. Stuttgart: Klett-Cotta.

Masters WH, Johnson VE (1970) Human Sexual Inadequacy. Toronto, New York: Bantam Books.

Mattejat F, Lisofsky B (2000) ... Nicht von schlechten Eltern. Kinder psychisch Kranker. Bonn: Psychiatrie Verlag.

McCullough ME, Rachal KC, Sandage SJ, Worthington EL, Brown SW, Hight TL (1998) Interpersonal forgiving in close relationships: II. Theoretical elaboration and measurement. Journal of Personality and Social Psychology 75: 1586–1603.

McNulty JK (2008) Forgiveness in marriage: Putting the benefits into context. Journal of Family Psychology 22: 171–175.

McNulty JK (2010) Forgiveness increases the likelihood of subsequent partner transgressions in marriage. Journal of Family Psychology 24: 787–790.

McNulty JK, Russell VM (2016) Forgive and forget, or forgive and regret? Whether forgiveness leads to less or more offending depends on offender agreeableness. Personality and Social Psychology Bulletin 42: 616–631.

Morgan CD, Wederman MW, Pryor TL (1995) Sexual functioning and attitudes of eating-disordered women: A follow-up study, Journal of Sex & Marital Therapy 21: 67–77.

Mosher DL (1980) Three dimensions of depth of involvement in human sexual response. The Journal of Sex Research 16: 1–42.

Murphy CM, Meis LA (2008) Individual treatment of intimate partner violence perpetrators. Violence and Victims 23: 173–186.

Neu P (Hrsg.) Akutpsychiatrie: Das Notfall-Manual. Stuttgart: Schattauer.

O'Leary A (2000) Women at risk for HIV from a primary partner: balancing risk and intimacy. Annual Review of Sex Research 11: 191–234.

Paleari FG, Regalia C, Fincham F (2005) Marital quality, forgiveness, empathy, and rumination: A longitudinal analysis. Personality and Social Psychology Bulletin 31: 368–378.

Paleari FG, Regalia C, Fincham FD (2009) Measuring offence specific forgiveness in marriage: The Marital Offence-Specific Forgiveness Scale (MOFS). Psychological Assessment 21: 194–209.

Patterson GH, Hops H (1972) Coercion, a game for two: Intervention techniques for marital conflict. In: Ulrich R, Mounjoy P (Hrsg.) The Experimental Analysis of Social Behavior. New York: Appleton.

Patterson GR, Reid JB (1970) Reciprocity and coercion: Two facets of social system. In Neuringer C, Michael JL (Hrsg.) Behavior modification in clinical psychology. New York: Appleton. S. 133–177.

Peuckert R (2019) Familienformen im sozialen Wandel. 9. Aufl. Berlin: Springer VS.

Pinheiro AP, Raney TJ, Thornton LM, Fichter MM, Berrettini WH, Goldman D, Halmi KA, Kaplan AS, Strober MS, Treasure J, Woodside DB, Kaye WH, Bulik CM (2010) Sexual functioning in women with eating disorders. The International journal of eating disorders 43: 123–129.

Pope KS, Sonne JL, Holroyd J (1993) Sexual feelings in psychotherapy: Explorations for therapists and therapists-in-training. American Psychological Association.

Rathgeber M, Bürkner P-C, Schiller E-M, Holling H (2018) The Efficacy of Emotionally Focused Couples Therapy and Behavioral Couples Therapy: A Meta-Analysis. Journal of Marital and Family Therapy 45: 447–463.

Reiter-Theil S, Fahr U (2005) Ethik in der Klinischen Psychologie. In: Perrez M, Baumann U (Hrsg.) Lehrbuch Klinische Psychologie – Psychotherapie. 3. Aufl. Bern: Huber. S. 89–105.

Revenson TA, Marin-Chollom AM, Rundle AG, Wisnivesky J, Neugut AI (2016) Hey Mr. Sandman: dyadic effects of Anxiety, depressive symptoms and sleep among married couples. Journal of Behavioural Medicine 39: 225–232.

Revenstorf D (1993) Psychotherapeutische Verfahren. Gruppen-, Paar- und Familientherapie Band 4. Stuttgart: Kohlhammer Verlag.

Richter D, Brähler E, Ernst J (Hrsg.) (2015). Diagnostische Verfahren für Beratung und Therapie von Paaren und Familien. Göttingen: Hogrefe.

Riek BM, Mania EW (2012) The antecedents and consequences of interpersonal forgiveness: A meta-analytic review. Personal Relationships 19: 304–325.

Robles FR, Kiecolt-Glaser JK (2003) The physiology of marriage: pathways to health. Psysiology & Behavior 79: 409–416.

Roddy MK, Nowlan KM, Doss BD, Christensen A (2016) Integrative behavioral couple therapy: Theoretical background, empirical research, and dissemination. Family process 55: 408–422.

Rohrbaugh MJ, Shoham V (2015) Brief Strategic Couple Therapy. In AS Gurman, JL Lebow, DK Snyder (Hrsg.) Clinical Handbook of CoupleTherapy. 5. Auflage. New York: Guilford Press. S. 335–357.

Rosen RC, Leiblum SR (1988) A sexual scripting approach to problems of desire. In: Leiblum SR, Rosen RC (Hrsg.) Sexual desire disorders. New York: Guilford Press. S. 168–191.

Rosen RC, Leiblum SR, Spector IP (1994) Psychologically based treatment for male erectile disorder: A cognitive-interpersonal model. Journal of Sex & Marital Therapy 20: 67–85.

Rosland AM, Heisler M, Piette JD (2012) The impact of family behaviors and communication patterns on chronic illness outcomes: a systematic review. Journal of Behavioral Medicine 35: 221–239.

Ruvolo AP (1998) Marital well-being and general happiness of newlywed couples: Relationships across time. Journal of Social and Personal Relationships 15: 470–489.

Saxbe D, Repetti RL (2010) For better or worse? Coregulation of couples' cortisol levels and mood states. Journal of Personality and Social Psychology 98: 92–103.

Schindler L, Hahlweg K, Revenstorf D (2019) Partnerschaftsprobleme: Diagnose und Therapie. Handbuch für Therapeuten. 3. Aufl. Berlin, Heidelberg, New York: Springer Verlag.

Schindler L, Hahlweg K, Revenstorf D. (2020) Partnerschaftsprobleme?: So gelingt Ihre Beziehung. Handbuch für Paare. Berlin, Heidelberg, New York: Springer Verlag.

Schmidt S, Matthiesen S, Meyerhof U (2004) Alter, Beziehungsform und Beziehungsdauer als Faktoren sexueller Aktivität in heterosexuellen Beziehungen. Zeitschrift für Sexualforschung 17: 116–133.

Schröder B, Hahlweg K, Hank G, Klann N (1994) Sexuelle Unzufriedenheit und Qualität der Partnerschaft (befriedigende Sexualität gleich gute Partnerschaft?). Zeitschrift für Klinische Psychologie 23: 178–187.

Schröttle M, Hornberg C, Khelaifat N, Pauli A, Bohne S (2008) Gesundheitliche Folgen von Gewalt unter besonderer Berücksichtigung von häuslicher Gewalt gegen Frauen. Themenheft Bd. 42. Berlin: Robert-Koch Institut.

Schröttle M, Khelaifat N (2007) Gesundheit–Gewalt–Migration. Eine vergleichende Sekundäranalyse zur gesundheitlichen und Gewaltsituation von Frauen mit und ohne Migrationshintergrund in Deutschland (http://www.bmfsfj.de/RedaktionBMFSFJ/Broschuerenstelle/Pdf-Anlagen/gesundheit-gewalt-migration-langfassung-studie,property=pdf,bereich=bmfsfj,sprache=de,rwb=true.pdf. Zugriff am 11.03.2019).

Schulte D (1996) Therapieplanung. Göttingen: Hogrefe.

Schwarz B (2009) Kinder nach Trennung und Scheidung. In Lehrbuch der Verhaltenstherapie. Berlin, Heidelberg: Springer. S. 855–864.

Scott KM, Wells JE, Angermeyer M, Brugha TS, Bromet E, Demyttenaere K, de Girolamo G, Gureje O, Haro JM, Nasser Karam A, Kovess V, Lara C, Levinson D, Ormel J, Posada-Villa J, Sampson N, Takeshima T, Zhang M, Kessler RC (2010). Gender and the relationship between marital status and first onset of mood, anxiety and substance use disorders. Psychological Medicine 40: 1495–1505.

Shadish WR, Baldwin SA (2005) Effects of Behavioral Marital Therapy: A Meta-Analysis of Randomized Controlled Trials. Journal of Consulting and Clinical Psychology 73: 6–14.

Shakil A, Donald S, Sinacore JM, Krepcho M (2005) Validation of the HITS domestic violence screening tool with males. Fam Med 37: 193–198.

Simon GM (2015) Structural Couple Therapy. In AS Gurman, JL Lebow, DKSnyder (Hrsg.) Clinical Handbook of Couple Therapy. 5. Auflage. New York: Guilford Press. S. 358–384

Snyder DA, Whisman MA (2003) Treating difficult couples. Helping clients with coexisting mental and relationship disorders. New York: Guilford.

Stack S, Eshleman JR (1998) Marital status and happiness: A 17-nation study. Journal of Marriage and the Family 60: 527–536.

Starke K (2005) Nichts als die reine Liebe. Beziehungsbiographien und Sexualität im sozialen und psychologischen Wandel. Lengerich: Pabst.

Statista (2019) Scheidungsquote in Deutschland von 1960 bis 2018. (https://de.statista.com/statistik/daten/studie/76211/umfrage/scheidungsquote-von-1960-bis-2008/#professional, Zugriff am 19.06.2020).

Stimpson JP, Wilson FA, Peek MK (2012) Marital Status, the Economic Benefits of Marriage, and Days of Inactivity due to Poor Health. International Journal of Population Research 2012: 1–6.

Straus MA (1979) Measuring intrafamily conflict and violence: The Conflict Tactics (CT) Scales. Journal of Marriage and the Family 41: 75–88.

Straus MA, Hamby SL, Boney-McCoy S, Sugarman DB (1996) The Revised Conflict Tactics Scales (CTS2): Development and preliminary psychometric data. Journal of Family Issues 17: 283–316.

Sydow K v (2015) Systemischer Therapie. München: Reinhardt.

Thibaut JW, Kelley HH (1959) The social psychology of groups. New York: Wiley.

Thurmaier F, Engl J, Hahlweg K (2015) Ehevorbereitung. Ein Partnerschaftliches Lernprogramm (EPL). Handbuch für ausgebildete Kursleiter. München: Verlag des Instituts für Forschung und Ausbildung in Kommunikationstherapie e. V.

Tsang J, McCullough ME, Fincham FD (2006) The longitudinal association between forgiveness and relationship closeness and commitment. Journal of Social and Clinical Psychology 25: 448–472.

Uchino BN (2006) Social support and health: a review of physiological processes potentially underlying links to disease outcomes. Journal of behavioral medicine 29: 377–87.

vanOyen Witvliet C, Ludwig TE, Vander Laan KL (2001) Granting forgiveness or harboring grudges: Implications for emotion, physiology, and health. Psychological Science 12: 117–123.

Vanzetti NA, Notarius CI, NeeSmith D (1992) Specific and generalized expectancies in marital interaction. Journal of Familiy Psychology 6: 171–183.

Velten J (2018) Sexuelle Funktionsstörungen bei Frauen. Göttingen: Hogrefe.

Vu NL, Jouriles EN, McDonald R, Rosenfield D (2016) Children's exposure to intimate partner violence: a meta-analysis of longitudinal associations with child adjustment problems. Clinical psychology review 46: 25–33.

Whisman MA (1999) Marital dissatisfaction and psychiatric disorders: Results from the National Comorbidity Survey. Journal of Abnormal Psychology 108: 701–706.

Whisman MA, Baucom DH (2012) Intimate relationships and psychopathology. Clinical Child and Family Psychology Review 15: 4–13.

Whisman MA, Dementyeva A, Baucom DH, Bulik CM (2012) Marital functioning and binge eating disorder in married women. International Journal of Eating Disorders 45: 385–389.

Whisman MA, Dixon AE, Johnson B (1997) Therapists' perspectives of couple problems and treatment issues in couple therapy. Journal of Family Psychology 11: 361–366.

Whisman MA, Sbarra DA (2012) Marital adjustment and interleukin-6 (IL-6). Journal of Family Psychology 26: 290–295.

Whisman MA, Sheldon CT, Goering P (2000) Psychiatric disorders and dissatisfaction with social relationships: Does type of relationship matter? Journal of Abnormal Psychology 109: 177–186

Wiebe S, Johnson S (2016) A Review of the Research in Emotionally Focused Therapy for Couples. Family Process 55: 390–407.

Zettl S (2011) Krebs und Partnerschaft. Forum 26: 31–34.

Zilbergeld B (2000) Die neue Sexualität der Männer: Was sie schon immer über Männer, Sex und Lust wissen wollten. 4. Auflage. Tübingen: DGVT-Verlag.

Zimmer D (1985) Sexualität und Partnerschaft. München: Urban & Schwarzenberg.

Zimmermann T (2019) Partnerschaft und Sexualität bei Tumorerkrankungen. Der Onkologe 25: 451–455.

Sachwortregister

A

Affäre 45, 101, 103, 156
Akzeptanz 17, 25, 83, 113, 118, 153
Akzeptanzbasierte Interventionen 17, 77
Außenbeziehung 15, 18, 39, 83, 100
Austauschtheorie 16, 29

B

Bedürfnisse 11, 19, 62, 77, 83, 86
Bewältigungsorientierte Interventionen 15, 17, 86
Beziehungskonto 32, 46, 149
Bilanzierung 41, 48, 85, 104

C

Chronische Erkrankungen 25, 47

D

Diagnostik 40, 42, 52, 69, 108
Dyadisches Coping 27, 35 f., 43, 90, 92

E

Einzelgespräche 40, 111
Einzeltherapie 66, 70, 117, 124, 146

Emotionsbezogene Unterstützung 36, 91
Emotionsfokussierte Paartherapie 19, 152
Empathie 41, 103
EPL 71, 109, 115, 144
Erstgespräch 38, 40, 47, 148
Erwartungen 47, 49, 60, 66, 71

F

Familientherapie 51, 60
Familienzyklus 12, 30, 34

G

Gewalt 15, 18, 43, 83, 121, 132, 156

H

Häusliche Gewalt 122, 132

J

Joining 77, 82

K

Kognitive Interventionen 17, 33, 67, 69, 92, 153
Kognitive Vorbereitung 71, 103

173

Sachwortregister

Kognitiv-verhaltenstherapeutische Paartherapie 15, 17, 19, 47, 144
Kommunikationstraining 20, 51, 60, 77, 85, 87, 95, 114, 153
Kränkungen 51, 82, 93

L

Lerntheorien 16, 19 f.

M

Meta-Analyse 18 f., 151–153
Motivation 47, 51, 61, 77, 96
Motivationsfördernde Interventionen 15, 47, 66

O

Offenheitsregel 38

P

Paartherapie 15, 17, 19, 31, 37, 49, 51, 67, 109 f., 121, 146
Partnerschaftliche Stabilität 31
Partnerschaftsqualität 14, 22, 26, 29
Partnerschaftszufriedenheit 13, 22, 24, 32, 59, 130, 152
3-Phasen-Methode 90 f.
Postkartenübung 52, 139
Prävention 35, 51, 109, 124
Problembezogene Unterstützung 36
Problemlösetraining 14, 16, 60, 105, 132
Prompting 58, 90 f., 149
Psychische Störungen 14, 23, 154
Psychoedukation 87, 113

R

Radikale Akzeptanz 85
RCT 105, 151–153

Reziprozität 15, 20, 49
Reziprozitätstraining 16, 92, 153

S

Scham 109, 111 f., 149
Schatztruhe 50, 92
Scheidung 13, 22, 31, 33, 151
Selbstverbalisation 71, 75 f.
Sensualitätstraining 118 f., 141
Sexualität 15, 93, 106, 108
Sexualtherapie 109, 118
Sexuelle Kommunikation 108, 114, 119
Sexuelle Zufriedenheit 107 f., 117
Shaping 58, 91, 149
Sokratischer Dialog 69 f., 76, 142
Somatische Erkrankungen 14, 25
Sprecherfertigkeiten 52
Sprecherregeln 16, 53, 97
Standardinterventionen 15 f., 47, 49
Systemische Paartherapie 20
Systemisch-transaktionales Stressmodell 34 f.

T

Therapeutenverhalten 57, 66, 69, 89, 111, 148
Therapeutische Beziehung 38, 52, 146
Therapieevaluation 40, 42, 44
Toleranz 75, 77, 83
Trennung 12, 22, 31, 33, 41, 101, 151
Triadisches Setting 15, 70, 73
Trichtermethode 35, 86, 88, 90, 142

V

Vergebung 15, 93
Verhaltenstherapeutische Paartherapie 16, 19 f., 49, 67, 152
Verzerrungen 68 f., 73, 116

W

we-disease 27
Wirksamkeit 18, 20 f., 120, 151, 153

Z

Zuhörerfertigkeiten 52, 146
Zuhörerregeln 53
Zwangsprozess 20, 29, 146